노옥분의 감성데이트

깊은나무 푸른이끼

노옥분의 감성데이트

곧은나무 푸른이끼

세종출판사

책을 엮으며

데이트라는 말에는 두근두근 설렘이 따른다.

2010년 1월부터 〈봉생문화〉誌 '감성데이트'의 고정필자가 되었고, 첫 데이트 상대는 을숙도 에코센터 생태안내자원봉사자회 초대회장을 지낸 수필가 이영애님이었다. 일면식은 없었지만 문인이라는 공통점이 있었고, 처음 하는 인터뷰임을 알고 나보다 더 편하게 이야기를 이끌어 주던 기억이 난다. '감성데이트'는 그때로부터 지금까지 이어지고 있다.

아프리카 속담에 "노인 한 사람이 죽으면 도서관 하나가 불 탄 셈"이라는 말이 있다.

굳이 노인이 아니더라도 일생을 사는 동안 사람이 얻는 지혜와 경험은 그만큼 다양하다는 것이리라. 도서관 하나에 비유될 만큼 값진 예술, 또는 삶을 살아온 인사에 대한 이야기를 200자 원고지에 짧은 건 10매, 길어야 겨우 18매 분량에 담아낸다는 것이 가당키나 한 일일까. 그러기에 데이트의 달콤함은 짧고 글쓰기에 대한 부담과 고민은 길다.

글 실력이 부족한 필자를 믿어주고 귀한 시간 할애해 주신 스물여섯 분께 감사를 드린다.

5년여 동안 '감성데이트'를 통해 스물한 분, 모 문학지 '원로대담'에서 다섯 분을 만났다. 그들의 공통점은 자신의 일에 대한 카리스마와 빛나는 열정으로 인생이라는 도화지를 의미 있게 채색하며 산다는 것이다. 그러기에 도서관을 채울만한 공적보다는 '감성데이트'라는 주제에 걸맞게 세상을 품는 따뜻한 시선과 개성 넘치는 감성을 독자들과 공감할 수 있도록 애썼다.

원본에 한 줄도 손대지 않고 이미 발표한 그대로를 싣는다.

그동안의 만남을 책으로 엮고자 마음먹었을 때 잠깐 고민을 하기도 했다. 눈에 띄는 매끄럽지 못한 문장과 충분하지 않은 이력들을 보충할까 망설이다 원본을 그대로 엮기로 한다. 이유는, 5년이라는 시간의 변화를 가늠할 수 없기 때문이고, '감성데이트'를 통해 만났던 어떤 분도 제자리걸음으로 시간을 허비하지 않았으리라는 확신 때문이다. 글을 엮은 순서는 최근의 만남부터 시간을 거슬러 오르며 정리했다.

〈봉생문화〉誌 '감성데이트'와의 만남은 내 인생의 큰 행운이다.

우물 안 개구리로 살던 나에게 '감성데이트'는 색다른 세상으로의 관심과 호기심을 부추겼다. 그들이 사는 세상은 그들만의 독특한 외고집과 끼로 뭉쳐 있었으며 누구보다 열정적이다. 부산지역을 대표하는 문화예술인은 물론이요, 클라이머와 서퍼, 성직자와 장인匠人도 만났다. 그들은 이제 나의 스승이요, 인생의 고귀한 멘토로 자리매김 하고 있다.

책을 엮다보니 내가 참 복이 많은 사람이라는 생각이 든다.

'노옥분의 감성데이트 『깊은 나무 푸른 이끼』'가 지니는 의미 또한 그렇다. 취재를 통해 만난 사람들은 모두가 거목巨木이다. 누구 하나 자기가 선택한 분야에서 흔들림이 없다. 뿌리 깊은 나무처럼, 생명을 퍼올리는 푸른 이끼처럼, 아름드리 제 자리를 지키며 곧게 서 있다. 그 청청한 나무를 바라보는 것만으로도 나에게는 대단한 힐링이다.

탈고를 통해 감사의 마음을 함께 싣는다.

'감성데이트'의 필자로 글 쓰는 기쁨을 알게 해 준 〈봉생문화〉誌와, 책의 제목에 맞게 귀한 표지그림을 선정해 준 김춘자 서양화가님, 멋진 서체를 기부해주신 한글서체연구가 허경무 서예가님께 감사드린다.

무엇보다 봉생문화상과 문화강좌, 역사기행 등으로 부산지역 문화예술인에 대한 지원과 지역주민의 정서함양을 위해 오롯한 나눔을 실행하며, 책을 엮을 수 있도록 후원해 준 (사)봉생문화재단에 고마움을 전한다. 앞으로도 '감성데이트'와 더불어 신나게 일하며 좋은 글로 보답할 생각이다.

2014년 가을에

佳乙 노 옥 분

차 례

꽃

꿈

빛

길

별

허경무

이해인

서미희

배학수

김남순

최재민

서예가 허경무

한글서체와 한글의 세계화를 꿈꾸다

서예가라는 말에는 빳빳이 풀 먹인 선비의 옷매무새가 스미어 있다. 컴퓨터와 인터넷이 생활화 된 요즘에는 서예라는 말이 오히려 정겹다. 산자락의 나뭇잎이 붉은빛으로 도심을 기웃거리던 늦가을의 한낮, 한글의 세계화를 꿈꾸며, 한글서체를 체계적으로 연구하고 그것을 널리 알리기 위해 노력하는 한내 허경무 서예가를 만나러 그의 작업실을 찾았다.

연구실을 들어서니 묵향이 사람을 반긴다. 열린 시대, 세계화를 부르짖는 숨가쁜 세상에 지필묵紙筆墨과 더불어

한글의 우수성과 문자예술의 근본을 지키려는 사람들의 공간이 호기심을 부추긴다.

지난 10월 9일 서울 세종문화회관에서 열린 568돌 한글날 경축식에서 허경무 박사가 한글발전 유공자로 대통령표창을 받았다. 서예가, 서예이론가, 교육자, 서예와 한글단체의 대표로서 한글서체의 예술적 확장에 이바지한 공로를 인정받아 수상했다.

"지난 8월 30일 서울 광화문 세종로 공원에 '조선어학회한말글수호기념탑'이 세워졌어요. 일제 때 우리말과 글을 지키기 위해 온갖 탄압에 맞서 싸웠던 이른바 조선어 학회 33인을 기리는 탑이지요. 탑명의 글씨를 제가 썼고, 국새 제작위원으로서 나라의 상징품인 '대한민국' 네 글자에 한글 제작원리와 높은 철학을 담고자 애쓴 서체연구의 결과였습니다."

'한글서예 한마당'이 올해로 12회째를 맞이했다. 그가 회장으로 있는 (사)한글서체연구회와 부산한글학회가 주최하는 이 행사는 부산광역시청 2층 1,2,3 전시실 전관에서 펼쳐졌다. 한글날로부터 7일간 열린 개막식날 제3전시실에서는 특별기획 허경무 회원작가 '한글 서체별 큰 작품 초대전'도 열렸다. 훈민정음해례본체, 훈민정음언해본체(정자, 흘림체, 진흘림체), 궁체(정자, 흘림, 진흘림) 등 7가지 서체의 대형작품을 제작 전시하여 참관자들로부터 큰 관심과 호평을 받았다.

"한글날이 다가오면 각 지방과 해외에서 다채로운 한글문화 행사가 펼쳐진다. 하지만 부산만큼 뜻을 모아 함께하는 곳은 없다. 부산시는 물론 부산시의회, 교육청, 각 언론이 동참해 한글서예마당이 시민축제로 발전한 것은 한내 허경무 박사의 뜨거운 열정과 사명감 덕분이다. 글솜씨로 이름난 사람은 많지만 한글서체를 체계적으로 연구하고 그것을 널리 알리기 위해 몸 바쳐 노력한 학자는 허경무 서예가뿐이다. 그래서 그를 한글학회 부설 한글서체연구원 초대원장으로 모셨고 '조선어학회한말글수호기념탑' 탑명 글씨도 쓰게 한 것이다."(한글학회 김종택 회장 축사 중 발췌)

모든 것들이 경쟁해 강한 것은 살아남고 약한 것은 죽을 수밖에 없는 세상에 우리는 산다. 글자도 마찬가지일 것이다. 한글을 세계화 하고 우리나라를 세계 일류국가로 만들어야 할 주체는 남이 아니라 우리라고 강조하는 그는, 국민들이 맹목적으로 남의 것을 우월하게 여겨 추종하는 현실이 안타깝다고 말한다.

"한글은 우리나라가 세계 일등국가가 될 수 있는 가장 큰 희망입니다. 이 희망을 현실로 바꾸려면 한글 문자예술을 포함한 한글문화를 세계화해야 해요. 한때 세상에서 가장 가난했던 나라가 반세기도 안 돼 세계가 주목하는 나라로 발전하게 된 바탕에는 한글의 우수성도 한 몫했음을 부정할 수 없어요. 한글은 세종대왕의 선견지명

에서 나온 기적의 창조물입니다. 디지털정보 통신시대에 가장 효율적인 글자인 한글 서체를 잘 갈고 닦아 세상의 보배로 반드는 것이 우리에게 주어진 사명이라고 생각해요."

그는 또 '한글서체강연회'도 개최했다. 문화체육관광부 주최, (사)한국서체연구회가 주관하고 한글학회가 후원한 '허경무 박사의 한글서체와 한글의 세계화 강연회'에서 그는 "고전 자료에 있는 다양한 한글서체의 탄생과 특성을 바르게 이해해야 하며, 서예술은 문자가 언중끼리

의 약속부호인 만큼 그 약속과 부호를 잘 지키는 속에서 미적 세계를 펼쳐야 하는 특수성이 있음"을 강조한다. "쉬운 우리글이라 해서 제멋대로 사회성을 벗어나 반 서예적 성격을 띠거나 문자 체계를 함부로 왜곡하는 일이 우려스럽다"고 지적했다.

그의 부친은 경파 허채선생으로 한학자이시다. 6살부터 서당에서 한학을 배웠고, 천자문을 읽고 난 후 초등학교 입학을 했다. 가풍이 그러다보니 서예는 자연스레 걸쳐진 옷과 같다. 대학생 때 한글학회 허웅 선생님을 만나면서부터 한글서예가로 거듭나는 계기가 되었으며, '한내'는 이때부터 써 온 한글 아호이다. 그의 한글 사랑은 끝이 없다. '한글서예한마당'의 전시와 서체강연은 물론이요, 부산한글학회 회장으로서 시민과 함께 엮은 〈부산 한글〉 33집을 펴냈다.

희망을 현실로 바꾸려는 한글문화의 세계화를 위해 동분서주하는 허경무 서예가의 열정이 늦가을 단풍보다 더 붉고 아름답다. 〈2014~2015년 겨울호〉

허경무 약력

문학박사(부산대 국어학-조선시대 한글서체의 연구)
대한민국 국새 제작위원(제5대, 행정안전부)
한글유공 대통령 표창(568돌 한글날, 세종문화회관)
(사)한국서체연구회 이사장(현), 한글학회부설 서체연구원장(현)
부산한글학회장(현), 대한민국행촌서예대전 운영위원장(현)
부산대, 경성대 외래교수, 부산대평생원 등 지도

시인 이해인 수녀

나의 매일이 한 편의 시가 되게 하소서

프란치스코 교황의 방한으로 여름이 들썩인다. 친근한 인간미와 낮은 자세에 대중들이 매료되고, 신앙이 없는 이들과 신앙을 달리하는 이들도 그의 목소리에 귀를 기울인다. 서점에도 교황 관련 서적들이 앞자리를 차지하고, 이해인 수녀도 '생각주머니'에만 넣고 만지작거리던 말씀 묵상집 『교황님의 트위터』를 발간했다.

지난봄부터 필자는 이해인 수녀와의 데이트를 조심스레 청했다. '우는 아이 젖 준다'고 했던가. 책 출간과 교황 방한, 북콘서트 준비로 바쁜 가운데 답장이 왔다. 질문지

✞ 우리 식탁에 여분의 자리를 남겨 둡시다. 생필품이 부족한 사람들, 외로운 사람들을 위한 자리를 말입니다.
✿ 주님, 저의 이웃이 또 하나의 나임을 잊지 말고 언제나 그들을 위한 자리를 남겨 두게 하소서.
–이해인 수녀의 기도 『교황님의 트위터』 중에서

를 먼저 보내주고 데이트 날짜는 따로 정하는 것이 어떻겠냐는. 코끝 찡한 기쁨이다. 모자란 질문에 사랑 가득한 화답은 더욱 감동이다.

❦ 프란치스코 교황님의 방한을 앞두고 가톨릭교회는 물론 많은 사람들의 관심이 교황님께로 쏠리고 있는 때, 수녀님께서는 『교황님의 트위

터』를 펴내셨습니다. 어떤 내용의 책인가요?

2013년 3월17일부터 2014년 7월1일까지 교황님이 올리신 300여개의 트위터 글 중 110개를 임의로 골라 제가 단상을 쓰고 기도문을 곁들인 책이에요. 아주 짧은 글귀에서 영감을 받아 각자 삶의 자리에서 구체적으로 묵상하는 법을 분도출판사의 제의를 받고 출간하게 된 것입니다.

요즘 수녀님의 건강은 어떠신지요?

전 같지 않게 자주 피곤을 느끼는 편이지만 일상 생활하는데 큰 지장은 없어요. 3~6개월마다 하던 검사를 이제는 1년에 한 번 하게 되었어요. (암)수술을 받은 지는 6년째입니다.

수녀님을 생각하면 늘 꽃향기가 납니다. 계절 시, 꽃 시 등 자연의 아름다움을 노래하는 시가 많기 때문입니다. 수녀님께 시는 어떤 의미인가요? 독자들에게 사인을 할 때 꽃그림을 그려주시는 이유는요?

저에게 시는 삶에 대한 감사와 그리움을 사계절의 언어로 피워내는 하나의 기도입니다. 시는 노래이고, 기도이고, 수도생활을 가능하게 하는 수련의 방법이기도 합니다. 사인할 때 네 잎의 꽃을 그리는 이유는 믿음, 소망, 사랑,

행복을 독자에게 드리고 싶은 저의 마음이기도 하지요.

❦ 수도자로서의 삶도 그리 녹록치 않을 것입니다. 그럼에도 시를 쓰고, 독자들께 답장을 쓰고, 트위터와 페이스북, 강의도 나가곤 하십니다. 수녀님만의 특별한 시간 관리법이 있으신지요?

저는 자투리 시간을 잘 활용하는 편입니다. 소임상 전자 메일과 문자는 하고 있으나 페이스북이나 트위터를 하고 있진 않아요. 학교 강의를 그만두면서 시작하게 된 이런저런 외부 강의도 이젠 차츰 줄여가는 중이고요.

❦ 건강을 회복, 활기찬 모습으로 저희를 안심시켜주셔서 감사합니다. 아프기 전과 후, 달라진 무엇이 있으신지요? 시 '어떤 결심'을 읽으면 꼭 하루씩, 꼭 한순간씩만 살기로 했다는 구절이 있습니다.

투병 중에 쓴 '어떤 결심'은 저도 종종 읽어보는 시이고 독자들도 좋아해주시더군요.

병을 얻고 나서 달라진 점이 있다면 아무래도 시간을 더 충실히 관리하게 되고, 일상의 삶을 소중히 여기면서 더 많이 감사하고 행복하게 살고 있다는 것입니다.

❦ 수녀님께선 수도자이면서 명성 높은 베스트셀러 작가이십니다. 45년 동안 글과 동행하면서 글이 주는 위로와 희망, 즉 힐링의 효과가 있다면 무엇이라고 생각하십니까?

저도 많이 부족한 사람이긴 하지만 저의 글을 읽고 힘과 위로를 받았다는 이들이 정말 많은 편지를 보내오곤 해요. 시를 통한 힐링도 있다는 것을 어렴풋이 이해하는 계기가 되었지요. 청소년, 노인, 장애우, 미혼모, 재소자, 성소수자까지 제 독자의 범위는 참 다양해요. 아마도 시의 언어가 그리 난해하지 않아서 그런가봅니다. 그리고 수도자라는 신분을 신뢰하다보니 세월의 연륜과 더불어 애정도 깊어지는 것 같고요. 가장 큰 힐링의 효과는 삶에 대한 긍정과 감사, 옆 사람에 대한 이해와 용서에로 마음의 눈을 뜨게 되는 것이 아닌가 합니다.

수녀님의 글 작업실이 따로 있으신지요?

수도원 원내 피정집 안에 자그만 '해인글방'이 있고요, 전시실을 포함한 문화공간 '민들레방'이 있어요. '민들레방'에서 주로 방문객들을 만나고 더러는 소모임이나 수업도 하고 있습니다.

이번에 발간한 『교황님의 트위터』 중 가장 강한 울림을 준 메시지를 알고 싶어요. 프란치스코 교황님의 방한 일정에 수녀님께서도 동행을 하시는지 궁금합니다.

방한 일정에 수도자들과의 만남이 있는데 저는 신청을 하지 않았고요, 강한 울림을 준 메시지는 여러 개가 있지만 그 중에 "거룩함은 특별한 것을 행함을 뜻하지 않고, 사랑과 신앙으로 평범한 것을 행함을 뜻합니다"라는 2013년 12월 5일의 말씀을 좋아합니다. 저는 여기에 "주님, 저의 평범한 일상이 사랑의 지향과 행동 안에서 아름답고 비범한 꽃으로 피어나게 하소서"라는 기도를 바쳤지요.

8월 7일 서울 정동 '프란치스코 교육회관'에서 열리는 북콘서트의 판매 수익금과 후원금을 '민들레국수집'에 기부하신다니 감동입니다. 가수 김태원 씨의 재능 기부는 어떻게 이루어졌는지요?

얼마 전 오랜만에 같이 만날 기회가 있었는데 우연히 이야길 하다가 참여하기로 하였지요. 부활11집 앨범 1번에 있는 '친구야 너는 아니'라는 노래의 노랫말이 저의 시이고, 이웃돕기 컨셉에도 맞아서 그 노래를 부르고 짧은 이야기도 해 달라고 특별히 부탁을 했어요. 김태원의 기타에 정단이라는 가수가 노래를 부릅니다. 부채 1,000개와 책 판매수익은 '민들레국수집'에 기부합니다.

수녀님께서는 수도자이면서 만인의 연인, 또는 공인이기도 합니다. 힘들고 가난한 이들, 맑은 영혼을 갈구하는 이들에게 위로와 희망의 메시지를 부탁합니다.

'내가 아니면 누가?' '지금 아니면 언제?'하는 마음으로 매

사에 솔선수범하며 살다보면 행복은 가까이 올 것입니다. 또한 내가 하고 싶지만 하지 말아야할 일과 하기 싫지만 해야 할 일들을 잘 분별하는 지혜를 구하며 끊임없이 노력한다면 어느 날 더 성숙하고 맑은 자신의 모습을 볼 수 있을 것입니다. 힘든 순간에도 낙담하거나 좌절하지 말고 '마음엔 평화, 얼굴엔 미소!'하고 자신에게 주문하면서 인내롭게, 겸손하게, 용기 있게 앞으로 나아간다면 인생의 승리자가 될 것입니다.

만년소녀 이해인 수녀께서 올해로 칠순을 맞이했다. 광안리 바다가 내려다보이는 성베네딕도수녀회의 '민들레방'과 '해인글방'에는 팬들이 보내온 선물들로 가득하다. 아무에게나 공개하지 않는다는 '해인글방' 앞 보물창고의 문을 연다. 그곳엔 수만 통의 팬레터가 번호표를 달고 보관되어 있다. 유명스타 못지않은 국민이모의 인기가 실감난다.

신앙의 오솔길에서 글로 세상의 아픔을 다독이는 희망의 심부름꾼 이해인 수녀. 백일홍 꽃밭에서 환하게 짓던 미소와, 꽃그림 사인에 하트모양 스티커를 아낌없이 붙여주던 천진한 모습은 두고두고 기억될 귀한 선물이다.

〈2014년 가을호〉

이해인 약력

시인, 수녀. 1945년 강원 양구 출생. 1964년 올리베따노 성베네딕도 수도회 입회. 1968년 서원. 1976년 첫 시집『민들레의 영토』출간 후 시집, 동시·동화집, 시선집, 산문집, 번역서등 40여권. 1997년 '해인글방' 문서선교 시작. 새싹문학상, 천상병 시문학상 수상 외

서퍼들의 대모 서미희

송정 바다를 품다

약속시간보다 20여 분 일찍 송정해수욕장에 도착했다. 서핑학교가 바로 눈앞이지만 들어가지 않고 해변에 서서 바다를 본다. 해운대처럼 넓고 수려하지도, 광안리보다 활기차고 도시적이지도 않다. 평일 오전의 송정바다는 고요하고, 아직 열지 않은 길카페가 풍기는 한가로움이 낯설다. 5월의 주말이면 100~120여 명의 교육생들이 북적이는 서퍼들의 천국이라는 말이 무색하다.

송정서핑학교를 들어서자 대한민국 제1호 서퍼인 서미

희(49) 대표가 환한 웃음으로 사람을 반긴다. 맨얼굴에 티셔츠와 반바지, 발가락 슬리퍼를 신은 첫인상에서 바다를 닮은 자유가 느껴진다. 꾸미지 않고 부풀리지 않는 서퍼의 자신감이라고나 할까. 평범한 회사원이었던 그녀가 서퍼의 길을 걷게 된 계기가 드라마틱하다.

"1988년 서울올림픽이 한창이던 때였죠. 달맞이고개 피자가게에서 친구들이랑 피자를 먹다가 창밖의 광경에 그만 얼어붙고 말았어요. 반짝이는 바다를 배경으로 노란 돛을 단 보드 하나가 바람을 타고 미끄러지듯 지나가고 있었죠. 23년을 살아오면서 한 번도 느끼지 못했던 희열이었다고나 할까요. 순간 '저거, 저거다'라고 혼잣말을 했어요."

그게 윈드서핑이라는 사실을 알게 된 서 대표는 며칠 뒤 부산 광안리해수욕장을 찾았다. 광안리해수욕장에 윈드서핑 관련 숍이 있다는 말을 들었기 때문이다. 그렇게 시작된 윈드서핑은 곧 동호회 활동으로 이어졌고, 그는 여성 윈드서퍼가 없던 시절 홍일점으로 꽤 유명인사가 됐다.

1995년 송정에 윈드서핑 관련 숍을 열었지만 그리 신통치가 않았다. 실의의 날을 보내던 중, 파도를 헤치며 날아오르는 호주국적의 서퍼를 만나게 되면서 서핑의 세계로 입문한다. 동해와 남해가 맞닿는 곳인 송정해수욕장은 서핑을 하기에 최적지이다. 남풍과 북풍의 영향을 받는 장소이고 수심이 얕아 작은 바람에도 서핑하기에 적절한 파도가 자주 발생하기 때문에 초·중급자들이 즐길 수 있는 파도로는 전 세계를 통틀어도 이만한 곳은 찾기가 힘들단다.

"바람과 파도를 연구해보니 이곳이 서핑교육 장소로는

천혜의 조건을 갖췄더군요. 1996년 서핑을 시작한 이후로 서핑학교의 문을 한 번도 닫은 적이 없어요. 서핑은 나에게 선택이 아니라 행복입니다. 아이들에게 이곳은 천국의 놀이터이고 그들을 저는 '천국의 아이들'이라고 불러요. 아이들도 이곳을 무척 좋아한답니다."

딸 이나라(18)양과 아들 이도윤(15)군 둘 다 서퍼다. 뱃속에서부터 엄마를 따라 물 위를 걸었으니 모태서퍼들인 셈이다. 나라양은 엄마를 닮아 승부욕이 강하며 현재 발리에 유학 중이고, 중2인 도윤 군도 내년쯤 발리로 보낼 예정이다. 아직 프로서퍼가 없는 우리나라에 그들이 프로로 성장할 수 있도록 지원을 아끼지 않는다. 5년 후 쯤에는 아이들과 함께 발리에도 숍을 열어 송정과 발리를 오가며 사업을 할 계획이라고 귀띔한다.

오직 한 길, 서핑의 매력 알리기에 온 힘을 다해온 그녀의 노력이 남다르다. 가보지 않은 힘든 길 위에서 단 한 번도 흔들려 본 적이 없다는 대한민국 제1호 서퍼 서미희. 초·중학생을 위한 학교 방문수업과 작년 한해에만 오천 여명 교육생을 길러낸 송정서핑학교 대표. 서핑이 왜 좋은지 묻는 필자에게 "그냥 좋다"는 짧은 대답과 "사람이 보물"이라고 말하는 그녀만의 고집이 바다 물빛마냥 푸르고 든든하다. 〈2014년 여름호〉

서미희 약력

(1966~). 국내 서퍼 1호. 송정서핑학교 대표. 1989년 윈드서핑 입문. 1998년 서핑 입문. 2008년 제주국제서핑대회 우승. 2008년 일본여성롱보드 우승

클래식기타리스트 배학수

클래식기타의 정통계보를 잇다

동주대학교 아카데미하우스 맞은편에 낡은 듯 눈에 띄는 집 한 채가 있다. 세릿골약수터로 가는 길목이기도 하다. 하얀색 벽과 지붕을 이고, 넓은 유리창과 솟대마냥 솟은 옛 난로의 연통이 인상적이다. 〈배학수 클래식기타 Studio〉라는 간판이 있는 이곳은 2011년 이전까지만 해도 〈裵永植, 裵學秀 Classic Guitar/Since 1953〉라는 간판이 걸려 있었다.

여학생의 감성으로 배학수(59) 클래식기타리스트를 만나러 간 곳은 괴정동 화이트하우스가 아닌 남포동 롯데백

화점 건너편 부산데파트 3층에 자리한 '배가家 실용음악 학원'이었다. 2013년 6월 이곳으로 학원을 이전 개원한 때문이다.

배학수 기타리스트는 여덟 살 때부터 기타 연주를 시작해 어려운 기초 코스를 거쳐 당시 학생시절에도 실력을 인정받았다. 열여덟 살이 되던 해, 본격적인 연주가의 길을 택해 브라질에 유학하여 Bueno음악원의 S.Susuki 교수에게 사사하고, 1976년 부산에서 귀국연주회를 시작으로 1991년에는 제5회독주회를 서울세종문화회관에서 갖는 등 지금까지 활발한 연주활동을 하고 있다.

“어릴 때부터 선친의 연주회에 함께 참가했었죠. 브라질 유학 또한 선친의 권유 덕분이었고요. 아버지는 제 인생의 멘토이자 스승이셨습니다.”

우리나라 기타 음악의 역사를 이야기할 때 배영식(1925~2011) 클래식기타리스트를 빼놓을 수가 없다. 클래식기타의 선구자이며 한국 음악사에 기록될 배영식 선생은 열여섯 살(일제강점기)에 일본으로 유학해 일본 제일의 클래식기타 연주자인 오구라 순(小倉俊) 선생에게 사사師事했다. 1952년 부산에 정착하면서 독주회, 부산시립교향악단과 협연, 교재 발간, 문하생 배출, 대학 기타동아리 활성화 등 많은 활동을 했다. 서울 세종문화회관 독주회에서의 완숙한 기교와 화려한 기법은 전무후무한 기록으로 극찬을 받았으며, 1997년 부산시 문화상을 수상함으로써 기타인 뿐만 아니라 일반 대중들의 인식에도 많은 변화를 일으킨 장본인이다. 배학수 기타리스트는 70여 년 외길 기타 인생을 사신 배영식 선생의 장남이다.

"여덟살 때부터 기타를 한시도 떠난 적이 없어요. 한때는 클래식기타가 대중들의 인기를 누리던 시절도 있었지만 지금은 통기타나 일렉기타를 많이 선호하고 있죠. 클래식 기타는 심장을 울리는 악기에요. 음량이 작아 음의 여운은 짧지만 끝나고 나서 느끼는 여백의 아름다움은 클래식기타만의 매력이지요."

그의 아들 배서완(27)도 클래식기타의 정통계보를 잇는다. 대학에서 디자인을 전공하다 전향해 3대에 걸친 클래식기타의 일가를 이루게 된 것이다. 아들이 할아버지로부터 시작된 클래식기타리스트의 명맥을 잘 이어나갔으면 좋겠다는 바람도 전한다. 그는 2011년부터 정기적으로 〈기타음악의 밤〉을 개최해 클래식기타의 진면목과 저변확대의 맥을 계승하고 있으며, 수강생들과 함께 월1회 장애인복지관 등에서 봉사도 한다. 봉사라기

보다는 그들에게서 더 많은 것을 배운다는 몸에 밴 겸손이 클래식 기타의 연주곡처럼 평화를 선물한다.

학원을 방문했을 때 기타연습에 열심인 육십 대쯤의 신사 두 분을 만났다. 그곳에서 2년째 기타를 배우고 있는 제자라고 자신들을 소개한다. "살아오느라 꾹꾹 눌러 두었던 것들을 정년 후에라도 이루고 싶은 게 남자들의 로망입니다. 악기나 스포츠가 특히 그렇죠. 우리는 지금 그 일을 하고 있어 매우 행복합니다."

클래식 기타의 선율이 듣고 싶어질 즈음, 배학수 클래식기타리스트의 품에 기타가 안겨 있다. 낮은 의자에 앉아 왼발을 받침대에 올리고 코드를 집는 딴딴한 왼손가락과 여섯 줄 위에서 춤을 추듯 살랑대는 오른손가락. 그가 선곡한 '동심초'와 필자가 듣고 싶었던 '로망스' 음율이 끊어질 듯 감미롭게 이어질 때 심장에서 '두둥' 소리가 난다.

〈2014년 봄〉

김남순 교수

전통의 맥을 잇는 가야금의 명인

엊그제가 상강霜降이었다. 쾌청한 낮과 낮아진 밤기온의 차이가 빚어낸 빛고운 단풍이 부산대학교 교정에도 절정이다. 안내받은 대로 빨간 벽돌집에 다다랐을 때, '둥기둥 당당' 가야금 타는 소리가 캠퍼스를 감돈다. '가야금의 명인' 김남순 교수의 연구실을 들어서니 좌식으로 꾸며진 정갈한 공간이 한옥의 안방을 연상시킨다. 무엇보다 사람을 반기는 김 교수의 환한 미소가 늦가을 홍시처럼 달달하다.

김남순 교수는 '김병호류 가야금산조'의 전승을 보급하

는 가야금 연주자이자 연구가다. 서울에서 태어나 초등학교를 마치고, 국립국악원 부설 국악사양성소 제15기생으로 입소, 중등부 과정을 수료하고 국악고등학교를 졸업했으며, 전공은 가야금. 한양대학교 음악대학, 동 대학원 국악과를 졸업한 뒤, 현재 부산대학교 예술대학 한국음악학과 교수로 재직 중이다.

"국악사 양성소 중등과정 시절에 우연히 '김병호류 가야금산조' 가락을 듣게 되었어요. 그 가락이 어찌나 절묘하고 멋지게 느껴지던지. 그때부터 지금까지 가야금의 풍류에 푹 안겨 살고 있지요."

'김병호류 산조'를 처음 배울 때 악보나 자료가 불충분해 제반 여건이 평탄치 못했다. 대학원 시절 김병호 선생이 직접 연주한 녹음테이프를 입수하게 되었고, 1975년 고 강문득 선생을 만나 구음으로 배우면서 김병호류 가야금산조를 깊이 있게 접할 수 있었다. 그 과정에서 시급한 것은 김병호류 산조의 원래 가락을 재현할 수 있는 악보를 펴내는 것이었고, 2011년 금암 김병호류『가야금 산조곡집』을 출간했다.

"악보집 출판을 계기로 김병호 명인에게 어려서부터 가야금산조와 병창을 직접 배웠던 조카 김덕희 선생을 만나게 되었어요. 그로부터 김병호류 산조에 원래 다스름이 있음을 알게 되었고 그 가락을 전수받았지요. 악보들은 자료테이프를 듣는 것만으로도 연주자들이 쉽게 접근할 수 있도록 하는데 중점을 두었고요."

김남순 교수는 부산대학교에 국악학과를 창설한 장본인이기도 하다.

이후 부산가야금연주단 단장과 아시아 琴 교류회 이사, 아시아 예술문화연구소 한국음악 분과위원장 등을 맡아 한국음악의 세계화와 가야금의 풍류를 통한 힐링을 위해

늘 바쁘다. 만남을 약속한 그날도 전날 서울에서 연주회를 마치고 아침에 도착했단다. 피로를 대변하듯 그의 입술엔 작은 물집이 달렸다.

"1982년에 부산대학교 교수로 임용되어 국악학과를 창설했어요. 서울에서 나고 공부한 내가 민들레 홀씨처럼 부산으로 오게 된 이유를 새겨보았죠. 아마도 금관가야인 김해와 부산문화에 가야금의 뿌리를 내려주라고 보낸 것이 아닌가 하는 생각이 들더군요."

김남순 교수는 KBS 국악대상(1995)과 제17회 봉생문화상 수상(2005) 등 수상경력 또한 다양하다. 지난 4월 30일부터 5월 10일까지 열린 국립국악원 연희풍류극장 개관기념 명인공연 '夢十夜'에서 명인, 명창, 명무들과 함께 연주회를 가졌다. 하반기만 해도 8월엔 '바람의 향기'(부산 북구문화빙상센터), 10월 15일 '김해 가야금페스티벌'(김해 문화의전당), 10월 24일 '우륵의 꿈'(부산 북구문화빙상센터), 9월부터 12월 수요일엔 매월 1회 '을숙도 힐링 콘서트'를 을숙도문화회관에서 공연하는 등 그윽하고 깊이 있는 가야금의 향취를 전하기 위해 열심히 활동 중이다.

"1998년 김해시립가야금연주단이 창단되었어요. 금관가야인 김해에 가야금의 기록이 남아있고, 시립연주단이 무럭무럭 자라 김해가 가야금 고유의 도시가 될 수 있도록 힘을 보탤 거예요. 퇴임하기 전까지 내가 사랑한 창작음악 가야고를 위해 혼과 열정을 다 할 생각입니다."

한 우물을 판다는 것은 그리 쉬운 일이 아니다. 음악이 아직 영글지 못했다는 생각으로 초창기엔 연주회 포스트에 인물사진을 싣지 않았다고 한다. 그런 그에게서 외길 명인의 아름다운 고집을 만난다. 연구실 한켠, 형형색색의 실로 꼬아진 좌단을 위로 둔 몇 대의 가야금이 나란히 서 있다. 김남순 교수의 보물들이다. 풍류산조가야금인 전통 12현의 가야금과 18현, 25현, 그 외 22현의 개량가야금 등을 설명하며 현악기에 무지한 필자의 이해를 돕는다. 인간의 힘듦을 땅에서 하늘로 풀어올려 영혼의 자유로움을 만끽하게 해준다는 휘모리장단처럼 김남순 교수의 삶도 흥겹고 자유롭다. 문을 나서니, 울림이 있는 가야금의 청아한 음색이 길동무를 자처한다.

〈2013~2014년 겨울〉

극단 에저또 최재민 대표

연극은 내 인생

부산시 남구 대연3동 '용천지랄극장'에 가면 오픈런(Open Run. 끝나는 날짜를 정하지 않고 지속해서 하는 공연) 형태로 무대에 올린 〈검정 고무신〉을 만날 수 있다. 1,000회를 돌파한 〈육남매〉를 다듬어 6개월 만에 200회 흥행몰이 중이다. 연극의 관객층이 20, 30대 뿐만 아니라, 부모와 함께 온 초등학생과 60, 70대 등 전 세대를 아우르는 이상적인 관객 구성 또한 이색적이다.

부산 공연무대에 소리 없이 강한 연극 한 편이 떴다.

대대적인 홍보나 광고도 없었지만 공연을 본 관객들의 입소문으로 6개월 이상 장기공연이 이어지고 있는 것이다. 지역 극단이 장기공연에 성공한 경우는 매우 이례적이다. 극단 에저또 최재민(43) 대표는 "다른 극단이 장기 공연에 도전하지 못하는 가장 큰 이유는 배우 부족이에요. 에저또는 13명의 단원을 A, B조로 나누어 한 달씩 돌아가면서 공연을 하죠. 그러다보니 무대에 오르지 않는 배우들은 새로운 작품에 매달릴 수가 있어요. 〈검정 고무신〉은 관객이 들지 않을 때까지 계속할 예정입니다." 지난 3월 초연된 창작극 〈붕어빵〉과, 7월에 올린 〈한여름 밤의 꿈〉 등도 그렇게 탄생된 작품들이다.

그는 '에저또'가 1996년 부산에서 창단된 이후부터 지금까지 극작과 연출, 대

표로서 극단을 이끌어 오고 있다. 기독교가 모태신앙인 최재민 대표는 청소년시절 교회연극을 하면서부터 배우를 꿈꾸었다. 24세 때 최연소 나이로 극단 대표가 된 그는 연출자가 없어 배우보다는 연출을 시작하게 되었다고 털어놓는다. "처음엔 감독이 어리다고 무시를 해 일부러 수염을 기르기도 했어요. 개런티도 없이 자기 돈 내가며 연극을 하던 시절도 있었죠. 지금은 모든 게 빠르게 돌아가고 있고, 요즘 친구들은 개런티 안 주면 극단에 남아 있지 않아요. 공연수익금으로 배우들의 개런티를 줄 수 있다는 것이 더없이 좋아요. 그러고 보니 사람답게 살기 시작한 지 얼마 안 됐네요. 하.하."

지난 7월 22일부터 24일까지 영도문화예술회관 대공연장에서 열린 〈한여름 밤의 꿈〉은 세익스피어의 희극을 한국적 정서에 맞게 바꾼 작품이다. 세익스피어가 작품을 쓴 시기와 같은 조선시대를 배경으로 남녀 주인공의 불꽃같은 사랑을 표현한 것이다. 또 원작에 없는 사또 역을 추가해 그가 맡았다. 연출가 최재민은 "그동안 수많은 형태로 만들어진 〈한여름 밤의 꿈〉을 보면서 세익스피어가 이 작품을 쓴 것으로 추정되는 시기인 1594~1699년에 맞게 조선 시대로 배경을 바꾸면 어떤 작품이 나올까 궁금했고 그래서 시도를 했어요. 연극인의 가장 중요한 임무는 끊임없는 창작과 관객의 눈높이에 맞춰 공연을 하는 것 아닐까요."라며 탄생의 배경을 설명한다.

오늘도 그는 바쁘다. 마음의 상처나 빚 독촉 등으로 힘든 시간도 있었지만 "연극은 내 인생의 전부"라며 순박하고 환한 웃음을 웃는다. 내 마음도 덩달아 해맑다. 한 우물을 판다는 것은 '웬만한 의지로는 안 된다'면서 "내가 하고자 하는 일에 모든 걸 거는 사람이 좋다. 살짝 기울거나 철새처럼 왔다갔다 하는 사람들이 제일 안타깝다"고 그는 말한다. 또한 여태까지는 관객들이 찾아오는 공연을 했었지만, 8월 9일 '천성재활원'을 시작으로 재활원이나 소외지 등 어려운 이웃을 찾아가는 공연을 시작한단다. 부산 냄새를 물씬 풍기는 사투리로 '부산표 연극'을 만들고 있는 그는 대한민국연극제와 봉생청년문화상 등 수상경력 또한 빛난다. 연극에 인생을 건 극단 '에저또' 최재민 대표에게서 부산 연극의 밝은 미래를 본다.

〈2013년 가을〉

꽃

김성종

서상환

장원상

나소원

김창욱

추리작가 김성종

문학, 길을 나서다

FM에서 흘러나오는 '벚꽃 엔딩'을 들으며 추리문학관을 찾았다. 꽃대궐로 환했을 그 길엔 연둣빛이 제법 소란스럽다. 노래가사처럼 그새 벚꽃은 엔딩이다. 처음 그 곳을 찾았을 때는 1993년이었다. 당시 추리문학관이라는 이름만으로도 상상과 호기심이 일렁이던 기억이 난다. 입구에서 '헤르만 헤세전'이라는 현수막이 바람을 등에 업고 사람을 반긴다.

나선형 계단을 걸어 4층으로 올라갔다. 김성종 작가의

집필실이다. 책들로 가득한 그곳에서 눈을 제일 오래 붙든 건 모자다. 세련된 중절모가 각기 다른 질감과 색깔로 공간을 장식하고 있다. 언젠가 작가가 쓴 딥그린의 페도라 중절모자에서 셜록홈즈를 만난 적이 있다. 칼라바쉬 파이프와 페도라 중절모자의 어울림. 아무래도 우연은

고개에 추리문학관을 설립했다. 사재를 털어 세계유일의 추리전문도서관을 개관한 것이다. 장편추리소설 50편과 장편소설 등 100권의 창작집을 발표한 그는 대한민국 추리소설 분야의 선구자로 자리매김했다.

"추리문학가 입장에서 보면 부산은 다양한 스토리의 보고예요. 그래서 나는 1980년 서울을 버리고 부산으로 왔어요. 부산은 바다를 중심으로 치열한 삶의 활력이 넘치는 독특한 도시거든요. 우리나라는 일본이나 유럽에 비해 추리작가가 손가락으로 꼽을 만큼 적어요. 그러다보니 작품수가 적고 좋은 작품이 잘 나오지 않는 편이죠. 일본의 추리작가는 천여 명 정도거든요."

추리문학관에서는 1월이면 독자와 함께하는 '겨울추리여행'을 떠난다. 국내 탐방으로 시작했던 이 여행은 7년 전부터는 일본 일대를 탐방했다. 작년에는 11박 12일 동안 일본을, 17회째를 맞이한 올해에는 10명의 회원들과 함께 25박 26일 동안 스위스~오스트리아~체코~독일로 유럽을 여행했다. 헤르만 헤세와 괴테 등 대문호들의 발자취를 따라 먼 길을 나선 것이다. 가이드는 추리여행의 대장인 그가 맡았다.

"추리에는 겨울이 어울려요. 북해도를 비롯한 일본의 설국은 아무리 봐도 질리지가 않거든요. 일본에 자주 가다보니 한국과 일본을 연결시킬 작품을 쓰고 싶었죠. 2011년 발표한 『후쿠오카 살인』은 일본 지명을 제목으로 넣은 첫 작품이에요. 일본에는 작고 예쁜 문학관들이 참 많아요. 무엇보다 독자들 1만 5000여 명이 2억 엔의 성금을 모아 기부한 '미우라 아야코 문학관'의 탄생과정은 특별하지요."

그의 소설이 중국에서 인기를 끌어 10여 편이나 번역됐고, 일본에서는 2편이 출간됐다. 최근 프랑스 대형 출

판사와 『최후의 증인』 번역 출간 계약을 맺었고, 조만간 프랑스어판이 나올 예정이다.

“지금은 한국과 뉴욕을 오가는 한 여인의 인생 유전을 담은 추리소설을 준비하고 있어요. 장기적으로는 한국전쟁에 관한 대하소설을 기획하고 있구요. 올 가을엔 33일 동안 아일랜드 더블린에서 출발하여 LA부터 뉴욕까지 미대륙을 횡단할 계획이에요.”

추리문학관은 지난해 개관 20주년을 맞이했다. 그 동안 여름 하루 행사로 열리던 ‘추리문학의 밤’을 올해부터는 3~4일 일정으로 확대할 계획이란다.

"지방자치단체에서 책과 문학의 향기가 넘치는 문화예술의 언덕으로 발전시켜주면 좋겠지만 그렇지 못한 현실이에요. 그래서 스스로라도 뭔가를 구상하고 발전시켜 나가야 된다는 생각을 하게 됐어요. 의례적인 행사보다는 국내외 추리 작가 초청 강연과 토론회를 마련하고 문학콘서트와 추리문학 독서 토론 등 다양한 프로그램으로 달맞이 언덕을 세계적인 추리문학 명소로 탈바꿈하고 싶은 거지요."

세계 유명 추리작가들의 초상과 4만 7000여권의 장서가 방문객들의 상상에 추리를 덧붙인다. 헤르만 헤세전이 열리고 있는 2층을 거쳐 1층 셜록홈즈의 집에서 커피 한 잔을 마셨다. 일탈의 꿈이 상상을 현실로 부추긴다. 마음은 벌써 길 위에 선다. 〈2013년 여름〉

서상환 화백

땅에 묻힌 하늘을 그리는 화가

누군가를 기억할 때 이름과 더불어 제일 먼저 떠올려지는 이미지가 있다. 굵은 안경테라든가 혹은 단아한 인상처럼. 지난 해 여름이었다. 해운대 해변의 갤러리에서 '봉전회(봉생문화상전시부문수상자회)' 전시회가 있던 날, 윗부분이 뻥 뚫린 청색 모자와 거친 턱수염에 긴 꽁지머리가 인상적인 화가 한 분을 만났다. 그는 한국미술계의 중진이며 한국 기독교미술의 대표작가인 서상환 화백이었다. 그를 만나러 용당동 한신문화타운상가 2층에 자리한 〈영설화원〉을 찾았다.

서 화백의 미술 여정은 중학교 2학년 까까머리 시절부터였다고 한다. 미술시간에 프랑스 종교화가 '조르주 루오'를 만난 것이 계기가 되었다. 루오의 생애와 작품세계를 흠모하여 〈루오 미술에 나타난 그리스도상 연구〉를 졸업논문으로 쓰고, 〈중세미술을 통한 그리스도상 연구〉 논문으로 미국 내셔널크리스천대학교 대학원에서 신학 석사학위, 〈단색 목판화 작업을 통한 그리스도상 연구〉 논문으로 미국 루이지애나침례대학교 대학원에서 철학 박사 학위까지 받았다.

"사춘기 시절 루오의 그림을 보고 크게 감명을 받았어요. 종교화가라는 이유도 있었지만 그가 긋는 선의 한 획, 한 획에 기도와 구원이 담겨 있는 것 같아 좋았거든요. 그래서 루오 같은 화가가 되어 하나님께 영광을 돌리겠다고 서원을 했죠."

그는 1980년 『서상환 ICON화집』을 발간하면서 성상화聖像畵 작업을 본격화했다. 그 계기는 '구도자'연작(1978)에서 화면의 중심으로부터 퍼져 나오는 빛 이미지를 표출해 신앙생활로부터 얻은 심신의 평화와 자신만의 영적인 체험을 시각화시킨 것이다. 이후에 그는 화면을 마치 하나의 인체나 탑으로 구조화 시킨 '만다라 이미지'에도 심취한다.

"기독교는 서구 종교이지요. 한국에서는 당연히 우리 고유의 문화와 전통을 포용해야 한다고 생각해요. 서구식 기독교적 모티브에 민화, 전통문양, 고미술 등을 접목해 나만의 독특한 성상예술 작업을 계속 이어오고 있어요."

근래(2000년부터)에 그는 방언(인간의 언어를 초월한 신의 언어, 의

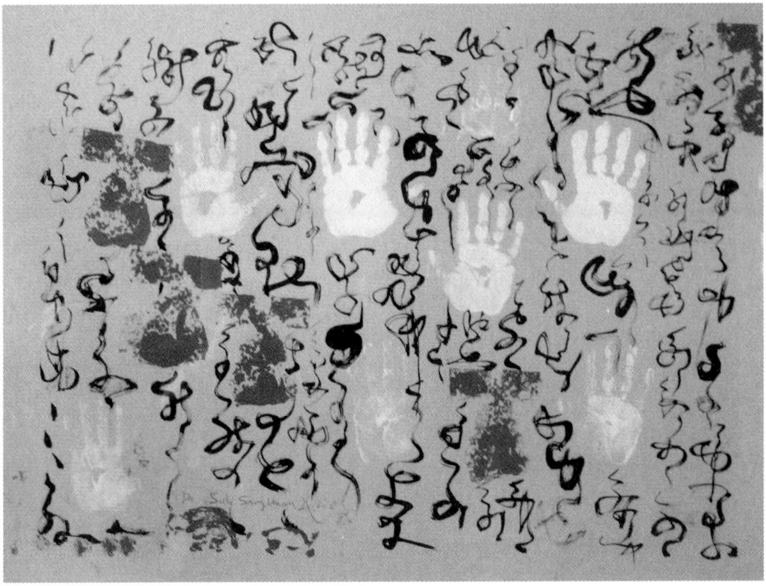

〈신어〉

식을 초월한 무의식의 언어)을 그대로 받아 그린 작품을 선보여 새로운 주목을 받고 있다. "2000년도부터 시작된 방언과 만다라 구조는 하느님과의 교감의 구체적 입증이며, 내 삶의 현장을 묵묵히 지켜보시며, 고난의 현장에서 부활로 승천하신 주님과 동행하고 있음을 감지하게 하는 축복이다."('시와 목판화집 『점』' 작가의 〈작업노트〉 중에서)

서상환 화백은 그림뿐만 아니라 글솜씨도 수준급이다. 2009년에는 52쌍의 작품이 실린 '시와 목판화-점' 시화집을 출간했다. 그가 말하듯이 목욕탕에서, 화실에서, 혹은 길을 가다가, 일상에서 길어 올린 단상들은 퇴고 없이 그대로 시가 되어 목판화와 어우러진다. 서 화백은 여기에 '화어畵語'라는 이름을 붙인다.

"그림을 보는 이들의 이해를 돕기 위해 글을 곁들이면 어떨까 하는 생각으로 시를 쓰기 시작했어요. 글이라고 하기에는 뚜렷한 개성이나 심오한 사상이 담긴 건 아니지만, 떠오르는 그때그때의 파편들을 메모해 둔 것들이지요." 2006년에는 제2회 송혜수 미술상 수상기념으로 '간구懇求'라는 드로잉 화집을 펴내기도 했다. 지난해에는 95년과 97년 발표했던 작품들을 모아 『땅에 묻힌 하늘』을 출간했으며, 올해 연말쯤에는 '생성만다라(가제)'라는 제목으로 시집을 낼 계획이라고 귀띔한다.

열 살 때부터 화필을 잡았으니 서 화백의 화력은 무려 63년. 그것을 가능하게 한 "알 수 없는 어떤 힘"을 그는 "거대한 영원에 대한 깨달음"이라고 말한다. 미술과 문학을 종횡하는 그의 작업은 신과의 교감, 신의 섭리를 담는 그릇 같은 것이고, 그림과 시 역시 영원과 신에 대한 예술적 고백인 것이다. 『내 명상의 시간』, 『텅 빈 얼굴』, 『점』…. 등 시집들의 제목만으로도 간구하는 구도자

의 삶을 떠올리게 한다. 그의 열정은 뜨겁다. 봉생문화상 수상자들의 재능기부인 '봉생목요강좌'에도 기꺼이 참여했고, '동보서적'에서 시작한 강의(무료)는 10년째 계속되고 있단다.

"동보서적 폐업 후, 지금은 서면 '민예총' 사무실을 대관해서 지도하고 있어요. 긴 시간을 함께 하다 보니 전문반 출신 회원 7명은 공모전 등에서 입상해 열심히 화가의 길을 걷고 있기도 하지요."

〈영설화원〉은 호기심을 자극한다. 캔버스 위의 물감이 마르는 시간이 길어 시작했다는 목판화들은 붉은 색을 덧칠한 채 탁본을 기다리고 있다. 문 하나를 열면 유화를 비롯한 미술작품이 잘 정돈되어 있고, 또 다른 문을 들어서면 책들로 가득한 서재가 나온다. 그림과 시가 공존하는 서 화백의 공간임이 확실하다. 성당에서나 봄직한 성상들이 군데군데 걸려있는 것도 신기하다. 차를 끓여내는 솜씨 또한 예사롭지 않다. 다기茶器의 물을 채우고 비우기를 반복하면서 신앙과 그림에 관한 이야기를 신나게 경청한다. 칠순을 훌쩍 넘긴 나이에도 다양한 영역을 넘나들며 활발한 작품 활동을 하고 있는 서상환 화백에게서 어린아이와 같은 순수를 만난다. 신앙과 생활과 예술이 삼위일체가 되어 '간절한 빎'의 자세로 살아가는 영혼의 자유가 부럽다. 〈2013년 봄〉

서상환 약력

1940년 일본 경도 출생. 김종식 문하에서 서양화 사사(1960~1975). 경성대학교 신학대학 신학과 동대학원 수료(1966~1974)(전신) 부산, 서울, 미국 등지에서 개인전 40회. 부산, 서울, 대구, 런던, 독일 등지에서 동인전 및 단체전 300여회. 제2회 송혜수미술상, 제4회 봉생문화상(전시부문) 수상. 저서 : ICON 화집 외 시와 목판 화집 17권 출판, 현재 한국미협 서양화분과 회원, 부산문화재단, 민예총 고문, 민미협 자문위원, 일상회 자문위원

테너 장원상

백조의 꿈을 꾸는 성악가

가을엔 국화향이 익숙하다. 테너를 만나러 가는 나의 팔엔 한 다발의 국화꽃이 안겨 있었다. 가을이 물들기 시작한 대학 캠퍼스가 감동의 빛깔로 사람을 마중한다. 고운 선율과 깊은 음색이 깔려있는 그 길에서 설렘이라는 사랑의 주파수가 전해진다.

"나는 꽃선물 싫어해요!"

한양대 성악과를 거쳐 이탈리아 로마 산타체칠리아 국립음악원, 스페인 산티아고 데 꼼보스뗄라 음악학교, 프

랑스 파리 니데르메이어 국립음악원을 졸업하고, 국내 및 세계 20여 개국에서 오페라, 오라토리오 협연과 독창회 36회, 조인트리사이틀 37회, 아울러 국내외에서 3천여 회의 음악회에 출연한 '부산'을 노래하는 세계적인 테너 장원상 교수로부터 듣게 된 첫인사이다. 순간 당황했다. 혹시 국화꽃 알레르기나 천식이 있는 줄 알고 미안함마저 들었다. 그런 마음을 읽기라도 했을까. "인人꽃이 여기 있잖아요." (아뿔사-) 피식 웃음이 난다. 그리고 긴장감 완전 해제다.

사람은 저마다의 향기가 있다. 뜨겁고 치열했던 여름을 지나고 난 뒤, 인생의 가을을 맞이하는 시간부터가 오롯한 자기만의 빛깔일 것이다. 테너 장원상은 '신이 주신 가장 아름다운 악기'인 목소리로 사람들에게 심신의 안정과 편안함을 선물한다. 나이를 가늠하기 힘든 외모와 가을하늘처럼 투명한 음성은 대화를 하는 내내 감미롭게 이어졌다.

"예술가의 삶과 사랑은 블루오션이다. 내가 희망의 빛깔을 가지고 있어야 다른 이들도 함께 찾게 되기 때문이다. 그래서 나는 이렇게 노래할 수 있었다. 내게 주어진 노래라는 탈란트에 감사한다."

그는 자선음악회에 기꺼이 동참한다. 생활 속의 음악은 얼마만큼 활용하느냐에 따라 달라진다고 말하고, 진실하지 못할 때 찌든 모습의 자화상을 지니게 된다고도 말한다. 나의 그릇이 얼마나 따뜻한가를 돌아보고, 내가 서 있는 위치에서 "내가 지금 어느 정거장에 있는가?"를 생각해보라는 조언도 잊지 않는다.

"섬김은 내가 낮아지는 것이고 나눔은 사랑의 실천이다. 내 가까이에서 나를 기다리고 있는 사람들이 있기 때문에 시간이 허락한다면 음악으로 그 감동을 전하고 싶다. 그 안에 무엇이 있는지 잘 모르지만, 요양원이나 병원의 자선음악회를 통한 사람들과의 공유는 마치 크림과 같은 느낌이다.”

테너 장원상을 아는 사람은 그의 부인 신진범도 안다. 이탈리아 밀라노 베르디 국립음악원과 프랑스 뷜 다브레 국립음악원을 졸업한 소프라노 신진범(신라대 교수)으로 이야기가 옮겨가자 연구실에는 더 환한 행복이 전염된다. 피렌체에서의 만남과 결혼이야기, 삶의 방식이 언제나 긍정적이라는 부인에게 “굿 굿 굿 베리 굿”을 외치는 그에게서 더이상 무엇을 들으리오. 올여름 소박한 음식점에서 들었던 환상적인 듀오연주가 캡처되는 순간이었다.

지난 6월 18일 베트남 호찌민 오페라하우스에서는 한국-베트남 수교 20주년을 기념하기 위한 프로그램의 하나로 테너 장원상 리사이틀이 열렸다. 2007년 하노이 오페라하우스 첫무대 이후 세 번째. 목소리가 베트남 사람들 정서에 잘 맞고 서정적 한국 가곡을 전하는 멋진 문화전도사가 되었다. 2002년 월드컵 성공기원음악회에서 조수미와 함께 전국투어 공연을 하였으며, 2010년 5월에는 연변과학기술대학 초청독창회 등 한국을 대표하는 격조있고 성실하게 다양한 활동을 하는 학구적인 문화예술인

으로 자리매김하고 있다. 또한 제21회 부산음악상(1995), 부산예술공로상(2007), 제19회 봉생문화상(2007), 제10회 부산예술대상(2011)을 수상했다.

영혼 맑은 사람에게는 울림이 있다. 심금을 울린다는 말 또한 테너 장원상을 두고 하는 듯하다. 그에게서 뺄 수 없는 단어는 사랑이다. 어려운 사람들을 위한 자선 또한 빈손의 아름다움을 알기 때문이란다. 아침에 뜨는 해처럼, 저녁에 지는 석양처럼 음악의 감성지수는 마음의 춤. 삶은 사람과 더불어 사는 것이라고 그는 강조한다. 나이듦을 커튼이 내려가는 시간에 비유하는 그에게서 사람을 보듬을 줄 아는 따뜻함을 만난다. "꿔 줄지라도 많은 것을 줄 수 있는 사람"이기를 원하는 테너 장원상.

시월의 끝자락에서 국화향보다 더 진한 '인人꽃'의 향기에 흠뻑 빠지는 시간이었다. 〈2012~2013년 겨울〉

장원상 약력

이태리 음악 연구회 이사. 한국성악가협회 부산지회장. 부산시립합창단 운영위원(2010. 10-2012.10). 남성 성악가 앙상블 자문위원(2000-현재). 부산음악연교육연구회 회장. 부산(사)음악협회 부회장. 중국 길림 예술대학 객원 교수. 연변과학기술대학교 겸직 교수. 리시이 미그니티.글링키 국립음악원 객원교수. 경성대학교 예술대학 음악학부 성악전공 교수

부산국제단편영화제 조직위원장 나소원

단편영화제의 진정한 히로인

부산 하면 영화, 영화 하면 부산을 떠올리는 사람들이 많아졌다. 지난 1960년대 한국영화계에선 배우를 제외하고 여성영화인의 활동을 발견하기란 그리 쉽지 않다. 부산국제단편영화제 나소원(79) 조직위원장은 1960년대에 감독의 꿈을 안고 연출자로 영화계에 들어와 시나리오 작가로 데뷔한 몇 안 되는 원로 여성영화인이다. 2000년 5월 부산아시아단편영화제를 창설해 조직위원장(이하 위원장)이 된 이후 13년 동안 단편영화제를 반석 위에 올려놓은 그의 열정과 힘은 어디에서 나오는 것일까?

남편의 절대적 믿음과 가족들의 아낌없는 지원

영화계와 관계를 맺게 된 결정적인 계기는 부산일보 문화부장이자 영화평론가였던 허창과의 만남에서 시작된다. 당시 부산일보에 투고한 나소원 위원장의 글을 보고 영화관련 원고를 계속 쓰게 했던 것이다. "남편은 내가 지닌 예술적 감수성과 추진력에 확신을 가졌고 사회적으로 영향력 있는 인사가 되기를 희망했다. 더불어 가사와 육아를 맡아 해 준 시어머니와 아낌없는 남편의 지원이 오늘의 나를 있게 만들었다." 결혼하여 다섯 자녀를 둔 그녀는 남편의 도움으로 상경, 유현목 감독 아래서 조연출 수업을 했다. 그는 또 김수용 감독의 문하에서도 연출 수업을 받은 뒤, 1967년에는 동경대학 교수이자 영화평론가인 도가와 나오카의 문하에서 수학했다. 일본에서 국내에 수입되지 않는 동구권 영화를 비롯해 서구의 많은 예술 영화를 보며 견문을 넓혔고, 무엇보다 첫 시나리오인 「주차장」의 소재를 발견하게 되었다.

신인감독들의 무대- 부산국제단편영화제

올해로 부산국제단편영화제는 29회째를 맞이했다. 5일 동안 68개국 1,780여 편의 작품을 선보였을 만큼 단편영화제로서는 국제적 명성을 자랑한다. 여기에 이르기까지 지난 13년 동안 영화제를 위해 땀방울을 아끼지 않은 나소원 위원장의 공로는 엄청나다. "이제 단편영화제는 부산이라고 자신 있게 말할 수 있다. 우리도 칸 영화제처럼 세계적인 영화제를 만들고 싶었고 그 꿈이 이루어졌다." 오랫동안 맡아왔던 위원장 자리를 내년에는 후배들에게 물려주겠단다. 그가 말하는 단편영화제의 위력은

무엇일까. "예전에는 감독 아래 5~6명의 조감독이 있었지만 요즘 단편영화는 조감독이 없다. 시나리오, 음악, 미술, 카메라 등 모든 것을 감독 혼자 감당해야 하는 독립영화시대인 것이다. 그런 의미에서 단편영화제는 저예산으로 신인감독들을 배출할 수 있는 중요한 관문인 것이다."

부산국제단편영화제의 진정한 히로인

세계영화제의 변방에 지나지 않았던 부산국제단편영화제가 세계적인 명성을 얻기까지 절대적인 공로자는 나소원 위원장이다. 그는 부산이 세계 영화산업의 중심이 되기 위해서는 유능하고 젊은 인재양성과 부산에 국립 영화전문 교육기관이 꼭 있어야 한다고 말한다. "부산국제영화제가 어른을 위한 영화제라면 단편영화제는 젊은이들의 영화제가 되어야 한다"며 젊은 영화제, 횃불을 켜고 축제를 즐기는 카니발의 젊은 문화 축제가 있는 영화제로 이끌어 나가야 된다는 당부도 잊지 않았다.

50여 편의 시나리오와 작품들

1968년에 발표한 그의 첫 장편 시나리오 「주차장」은 김수용 감독의 아시아 영화제 출품작이 되었다. 그 외에도 50여 편의 장·중·단편 시나리오가 있으며, 「다함께 부르고 싶은 노래-1977년」는 오리지널 시나리오로 '제1회 흙의 문학상'을 수상하기도 했다. 시나리오 작가로 데뷔한 후 김수용, 주동진, 유현목 감독들의 연출작을 집필

했고, 최금동 작가로부터 '남자들이 가장 긴장해야 할 실력 있는 시나리오 작가'라는 찬사를 받기도 했다. 1971년 발표한 '재칫국 장수'는 대통령이 직접 우수 영화로 선정하여 전국 220개 시군구에서 상영되는 영예를 누리기도 했다. "나는 지금도 새벽 3시 반이면 어김없이 눈을 뜬다. 아내, 며느리, 엄마로서 저녁에는 가족과 함께하고 새벽이면 일어나 글을 쓰던 오랜 습관 때문이다." 그는 동구 수정동 자택에서 혼자 생활하고 있다. 주인을 닮아 정갈하고 단아한 공간에서 맑은 녹차 한 잔으로 시작하는 하루. 예술인의 감성과 활력 넘치는 지성이 팔순을 바라보는 그를 열정이라는 이름으로 채색하고 있다.

원자력 이야기- "방사선아 니 없이는 몬산데이"

나소원 위원장은 1994년 설립된 원자력에너지 홍보 관련 단체인 '원자력을 이해하는 여성의 모임'의 총재를 6년간 지냈다. 또한 2009년부터 현재까지 (사)원자력의학진흥협의회 총재를 맡아 원자력 의학과 환경보호의 중요성을 널리 인식시키고 있다. 난치성 암 환자 치료를 위한 양성자가속기 도입과 원자력 기술의 안전한 활용과 환경보호 활동을 병행하고 있다. "원자력은 불치병을 난치병으로 바꾸는 데 성공한 첨단 의학이지만 환경오염이 새로운 불치병을 만들어 내고 있는 만큼 환경보호도 펼치지 않으면 안 된다"고 취지를 설명한다.

고마운 사람들과 아름다운 마무리

그에게도 지난 시간의 아픔은 있다. 지난 2010년의 기억을 이야기할 때 처음으로 짧은 한숨이 새어나왔다. 3억 5천만 원이라는 거금이 한 사람의 사심으로 부도가 났고, 그것을 원상복구 하기까지 참으로 힘들었다고 귀띔한다. 부산시의 지원과 위원장인 자신은 물론, 40년 지기 친구들에게 많은 도움을 받았다. 특히 영화를 좋아하는 부산의 젊은 기업가 장인하 씨는 눈물이 날만큼 고마운 사람이라고 거듭 강조한다. 3년 동안 1억 원을 흔쾌히 내놓았기 때문이다.

여생의 화두는 '어제의 일에 연연해하지 않기'이다. 잠깐 기다리는 사이 육필로 쓴 시 한 편을 건넨다. 제목은 "어제는 잊고 살자"이다. 후회도 갈채도 이제는 잊고 세월에 모든 걸 맡겨두자는 연륜과 혜안이 담긴 내용이다.

무엇보다 먼저 떠나간 남편에 대한 그리움과 가족에 대한 애정이 말끝마다 배어있어 더욱 아름답다. 나소원 위원장에게는 새로운 희망이 있다. 작은 규모의 아마추어 영화제(주부영화제)를 꼭 만들고 싶단다. 세월을 잊은 고운 자태와 진취적인 그의 행동에 베란다 빼곡히 자리한 화초들도 박수를 보내는 것 같았다. 〈2012년 가을호〉

나소원 약력

1934년 진해에서 출생. 진해여고를 거쳐 환도로 인하여 이화여대 중퇴(1954)한 후 2005년에 이화여자대학교 평생교육원 역사아카데미 수료. 부산국제단편영화제 위원장, (사)원자력의학진흥협의회 총재, 부산예총 수석 부회장. 대통령 표창 4회(1981, 1983, 2001, 2005.) 국민훈장 목련장(1987), 흙의 문화상(1977), 유공 연하인상(1990) 외 다수 수상. 시나리오 작가, 작품『주차장』외 50여 편

음악평론가 김창욱

빛과 소금으로서의 비평을 위하여

잠들지 않는 들풀처럼, 비평가로서의 방부제 역할을 자처하는 김창욱(46. 부산음악협회 부회장) 음악평론가를 만나러 을숙도 조각공원으로 갔다. '부산음악의 지평', '나는 이렇게 들었다'에 이어 지난해 12월에는 '청중의 발견'을 출간해 관객들이 음악을 이해하고 좀 더 가까이 다가갈 수 있도록 도움을 주고 있다. 그의 세 번째 음악비평집인 '청중의 발견'은 2007년부터 지금까지 여러 매체를 통해 발표했던 비평 글을 모두 5장으로 나누어 실었다. 무대와 객석을 넘나들며 그가 판단하는 부산음악의 수준은 어느

정도일까.

"공연을 준비하는 연주자들은 실력을 키우기 위해 연습만 할 뿐 공연장에 오는 청중들을 별로 고려하지 않는다. 음악은 청중과 소통하는 매개체로서 시대의 화두를 전달하는 역할을 해야 한다. 연주단체들은 과거에 비해 기하급수적으로 증가하고 있지만 중앙과 지방의 이분화가 극심해 젊은이들의 활동이 고사상태라고 말할 수 있다. 문화예술의 지원금이 서울 60~70%인데 반해, 부산은 3~4%에 불과하기 때문이다. 그러다보니 '부산' 없는 부산국제음악제가 열리고 부산의 음악가나 시민들이 들러리로 내몰리는 씁쓰레한 상황이 연출되기도 한다."

문화예술 지원금의 중앙쏠림은 어제오늘의 일이 아니다. 제2의 수도인 부산의 현실 또한 예외가 아니다. 그럼에도 음악과 사람들 간의 활발한 소통을 꿈꾸기에 적재적소에서 절제되고 까칠한 글쓰기를 그는 마다하지 않는다. "음악평론가라는 직업은 돈도 안 되지만 욕만 먹는 분야"이고 "청중의 눈높이를 맞추기 위해서는 기획력이 관건이지만, 부산에는 기획을 전공하는 대학이 없어 청중에 대한 배려가 부족"해 고민이라고 말하는 그에게서 부산음악에 대한 남다른 애정을 엿볼 수 있었다.

같은 맥락으로 『청중의 발견』 서문에서 그는 " '비평'이란 '고르게 판단하고 평가 한다'는 의미이다. 무엇을 '판단'하고 '평가'하는 것은 엄중하면서 무척 두려운 일이다. 그런 점에서 비평가는 마땅히 객관성과 통찰력을 동시에 가져야 하고 궁극적으로 우리 시대의 빛과 소금이 될 수 있어야 한다. 권력과 자본으로부터 자유로운, 그런 비평가가 될 수 있기를 나는 희망한다."고 독백처럼 말하고 있다.

최근 사하구에서는 지역 내 문화예술단체를 망라하는 연대조직의 결성이 추진되고 있다. 사하문인협회, 사하미술협회, 사하연극협회에 이어 순수음악을 전공한 음악인들의 모임인 사하음악협회가 6월 9일 창립된다. 그는 사하문화연대와 사하음악협회 창립준비위원회 간사를 맡아 분주한 날들을 보내고 있다.

"사하구에 거주하거나 사하구에서 활동하고 있는 음악인들이 상당히 많다. 이 가운데 클래식 기타리스트 배학수 씨나 테너 엄현섭 씨, 소프라노 김미성 씨 등 탁월한 능력을 인정받고 있는 유명 음악가도 적지 않다. 이런 지역의 음악인들이 오히려 지역에서는 제대로 대접을 받지도, 제 역할을 맡지도 못하는 등 겉돌고 있어 지역 음악인들이 연대하여 회원들의 권익신장을 위해 이제는 할 일도 하고 할 말도 하겠다."는 취지에서라고 그는 강조한다.

사하지역에는 을숙도문화회관과 같은 훌륭한 인프라가 있고, 또 지난해 사하문화원도 창립했지만 지역 예술인들이 적극 참여할 수 있는 프로그램은 별로 많지 않다. 앞으로는 사하문화연대의 요구가 문화예술 관련 행정에

도 반영될 수 있기를 사하지역 예술인들은 바라고 있는 것이다.

“보릿바람 향그런 언덕에 올라/ 흰 구름 떠도는 하늘 바라보려니/ 산 넘어 시집가던 누나 생각에/ 눈물만 소리 없이 솟아납니다” 소싯적 그가 써 놓은 동시이다. 이 글에 작곡가 백승태가 선율을 입혀 2009년 을숙도문화회관에서 초연을 했고, 지난 5월 19일(토)에는 부산문화회관 대극장에서 재연이 되기도 했다. 한때 문학소년이었던 김창욱 음악평론가도 이제는 세 딸을 키우는 이 땅의 평범하고 자상한 아빠로 살아가고 있다. 딸들 또한 악기를 연주하며 차세대 음악인으로서의 다부진 꿈을 키워가고 있는 중이다. 잠들지 않는 들풀처럼, 늘 깨어있기를 원하는 김창욱 음악평론가의 순수한 열정이 눈부신 5월의 신록과 꼭 닮았다. 〈2012년 여름호〉

김창욱 약력

음악학 박사(Ph. D). 부산음악협회 부회장. 한국예술문화비평가협회 이사. 월간『예술부산』편집위원. 계간『예술문화비평』편집위원. 동의대·부경대 강사. <국제신문> <부산일보> 객원평론가. 디지털 부산역사문화대전 집필위원. 부산문화재단 지역문화예술육성지원사업 평가위원

꿈

정영자

정인우

권경업

김희영

김신규

부산광역시문인협회 정영자 회장

지치지 않는 열정과 희망

'꽃을 품은 봄'의 기운이 문을 두드린다. 아직 화려하지는 않으나 3월이 주는 내부의 생명력은 퍽이나 감동적이다. 싱싱한 감수성과 신들린 열정. 허구적이며 함축적인 술렁임이 문학의 빛깔과 꼭 닮았다. 부산문인협회 정영자(72) 회장을 만나러 부산예술회관으로 가는 길목인 UN공원 매화나무엔 팥알 크기의 꽃망울들이 금방이라도 꽃술을 터뜨릴 기세다. 햇살이 참 따사로운 날이다.

부산문인협회의 첫 여성회장

2010년 1월 부산문단에서는 처음으로 부산문인협회의

여성 회장이 당선되었다. 그가 정영자 회장이다. 숙명여대의 '우리나라 1세기 100명의 여성 문인 중 한사람'으로 선정되기도 하였으며, 선거 당시 했던 공약을 현재 진행 중인 문학관 건립을 제외하고는 모두 실천한 진취적이고 신념 있는 지도자이기도 하다. 격월간 〈문학도시〉를 월간으로 발행하여 문인들에게 글을 발표할 수 있는 지면을 확대하고, 국제교류 시화전과 번역 등을 통하여 한. 중. 일 문인들의 활발한 교류와 소통을 이루었다. 무엇보다 회칙개성으로 회장연임방지를 문서화 하는 등 지난 2

년여 동안 문인협회를 위하여 열정을 쏟고 있으며, 남은 임기를 잘 마무리하기 위해 분주한 시간을 보내고 있다.

"회장연임방지는 3년의 임기 동안 모든 열정과 능력을 다해서 일하자는 것과, 다른 사람에게도 출마의 기회를 제공하자는 취지에서이다. 러닝메이트 제도(회장 출마자는 부회장 5명과 동반 출마한다) 또한 당선 후의 불협화음을 최소화하자는 것이다."

해양문학제와 시극 본궤도에

8월 초가 되면 부산에서는 한국해양문학제가 열린다. 부산예술회관과 광안리해변은 문인들의 성대한 잔치마당이 되는 것이다. 한국해양문학 심포지엄과 시상식도 활기를 띤다. 정영자 회장 취임 후, 해양문학제를 기다리는 사람들이 많아졌다. 여성문인들이 꾸미는 시극의 인기가 대단하기 때문이다. 2010년 '헌화가', 2011년 '2011-나혜석을 만나다', 2012년에는 '장산국'이 무대에 올려진다. 대본은 모두 정영자 회장이 썼다. 물소리 시극단의 회원은 여성문인 25명으로 구성되어 있으며, 프로 못지않은 실력을 갖춘 아마추어들이다. 올여름 꾸며질 '장산

아닐 성 싶다.

김성종 추리작가는 연세대 정치외교학과를 졸업한 후 잡지사, 신문사 등 주로 언론계에 종사하다 전업 작가가 되었다. ≪조선일보≫ 신춘문예 당선, ≪현대문학≫ 소설 추천으로 창작활동을 시작해 ≪한국일보≫ 장편소설 공모에 『최후의 증인』이 당선되었다. 1969년 등단한 그는 『여명의 눈동자』 『제5열』 『최후의 증인』등 100여 편의 작품을 발표하며 국내 추리소설의 대중화를 이끌었다. 『여명의 눈동자』는 국민드라마라고 할 만큼 큰 인기를 끌었고, 『최후의 증인』과 『흑수선』은 영화로 제작되었다.

"그때만 해도 우리나라에는 추리소설 작가가 거의 없었어요. 추리나 SF 등을 올릴 매체도 마땅히 없었구요. 『최후의 증인』 당선 후 추리소설을 본격적으로 쓰기 시작했지요. 사람들은 가끔 제 전공과 소설에 대해 묻곤 해요. 대학시절에도 잡지 기자를 했었고, 직장이라는 틀이 맞지 않아 그만 두었지만 소설은 처음부터 쓰고 싶었어요. 단조로운 창작이 아닌 행동과 모험심 가득한 작가를 꿈꾸었거든요."

그는 1980년 부산으로 이주해 1992년 해운대 달맞이

것이 부산역사의 시초이다. 자연과 더불어 사는 부족국가의 평화로운 삶과 설화를 재조명하기 위해 자료를 수집하고 구상하는데 꼬박 1년이 걸렸다. 물소리 시극단원들 전원과 특별히 초등학생 20명을 섭외했다. 바쁜 중에서도 시간과 열성을 아끼지 않는 시극단원들에게 고마움을 전한다."

여행과 문학 – 쉬며, 즐기며

그는 국내는 물론 해외여행도 많이 한다. 그 결과 6권의 여행수필집과, 세계여행시집 1권도 출간했다. 누구보다 바쁘게 사는 그에게 여행이 갖는 의미는 무엇일까. 그러기 위해서는 건강이 우선이다. 체력관리는 어떻게 하는지 궁금하다.

"여행의 횟수를 굳이 말하자면, 60여회, 70여 개국, 100여개의 도시를 다녔다. 나에게 여행은 쉬는 것이다. 퇴직후에 다니겠다는 생각보다는 감성이나 창의력이 활발할 때 다녀야 된다는 생각이었고, 문학이 매너리즘에 빠지지 않게 하는 활력소가 되었다. 매일 집과 가까운 동백섬을 다섯 바퀴씩 돈다. 걸으면서, 사소한 사고는 휴지통에 모두 다 버리고 긍정적이고 적극적인 생각만 한다. 그것이 나만의 체력관리법이다."

선택과 집중 – '한우물' 철학

정영자 회장은 1980년 〈현대문학〉 평론 추천으로 문단에 데뷔한 후, 30년이 넘는 세월을 문학과 함께 했다. 여성문학과 여성문인들에게 갖는 그의 애정은 특별하다. 4권의 학위논문도 여성문학에 관한 것이었고, 2010년에는 『한국현대여성문학사』를 저술해 1920년대부터 1970년대 현대여성문학사의 흐름과 특성을 들여다보기 좋게 잘 정리해 놓았다.

"이웃나라 중국은 '부녀문학사'라는 이름으로 여성문학사가 체계적으로 잘 정리되어 있다. 1970년 이후 눈뜨기 시작한 나의 한국현대여성문학연구는 30년 이상이 흘렀고, 여성문학 논문으로 박사학위도 받았다. 여성문학 연구의 1세대 연구자로서 무리한 모험과 비판을 무릅쓰고 출판을 감행한 것은 여성문학의 새로운 도약을 위해서이다. 서툴지만 그 동안의 연구를 정리하는 기쁨 하나로 나의 역할에 만족한다. (사)부산여성문학인회를 창립할 때에만 해도 상금이며 경비까지 전부 내 사비로 충당했었다. 사단법인 이후 정부지원금과 함께 여성문학상은 20회, 한국여성문학상은 3회째 수여되었다."

꾸밈없는 아름다움 – 그리고 세월

문학은 인생과 인간의 삶을 그리는 것이다. 삶의 체험을 묘사하고 표현하기 때문에 그 시대를 벗어날 수 없다. 그 시대가 담고 있는 사랑, 슬픔, 분노, 기쁨 등 상상력과 밀접한 삶의 기록을 기술이 아닌 영감으로 표현하기 때문이다. 정영자 회장에게는 꾸밈없는 아름다움이 있다. 문학을 하면서 한 번도 지쳐보지 않은 것 같은 열정이 넘친다. 그에게 문학은 어떤 것이며 문학적 감흥은 어디로부터 오는 것일까.

"문학은 내가 사는 이유이다. 열정과 희망이며, 구원

이고 도피처이다. 내 속에 있지만 닿을 수 없는 먼 곳의 내 표상이기도 하다. 창작을 하면서 심신이 치유되고, 하고 싶은 것들을 한없이 모두 표현할 수 있는 대화와 소통의 확실한 지분인 것이다. 지금처럼 열심히, 그리고 묵묵히 문학의 길을 가다보면 자기 열정에 배신은 없다. 문학은 내게 살맛나는 세상인 것이다. 시적 감흥은 시간과 장소를 가리지 않는다. 좋은 시를 쓰기 위해서는 많이 다녀야 하고, 많은 경험을 해야 하고 많이 느껴야 한다. 시적 감수성이 충만할 때 그 시점을 놓치지 말고 기록하는 습관을 가져라."

정영자 회장의 부군께서는 국제라이온스부산지구 총재를 지냈으며, 2012년 부산에서 개최하는 라이온스세계대회 행정위원장을 맡고 있다. 1남 3녀의 자녀들은 중앙부처 공무원, 교수, 바이올리니스트와 교사, 배우자들 또한 변호사 겸 로스쿨 교수, 대기업 임원, 대학강사 등 다양한 분야에서 적극적인 활동을 펴고 있다. 그는 『한국현대여성문학사』 머리말에서 "이제 나이도 쌓이고, 세월은 바람처럼 흘러 다시금 열심히 하겠다는 말은 감히 하지도 못할 처지이다."라고 말한다. 하지만 영원히 지치지 않을

문학에 대한 열정과 감성, 다복한 가정과 가족들, 이만하면 '충분히 사는 삶'이 아니겠는가. 〈2012년 봄호〉

정영자 약력

1941년 경남 통영 출생. 문학평론가. 연세대학교 국어국문학과와 동아대학교 대학원 국문과를 졸업한 문학박사이다. 신라대학교 국어국문과 교수와 신라대학교 사회교육원 원장 및 (사)목요학술회 회장을 역임했으며, 현재 부산광역시문인협회 회장과 (사)한국문인협회 부이사장을 맡고 있다. 1980년 <현대문학> 평론 추천으로 문단에 데뷔했고, 평론집 16권, 수필집 14권, 시집 10권 등 활발한 저서활동과 한국문학평론가상(1987년), 부산시 문화상(1994년), 한국비평문학상(1997년), 국제팬클럽 펜문학상(2002년), 조연현 문학상(2009년)을 수상했다.

정인우 사장

아름다운 고집 '메이드 인 부산'

위대한 결과를 만들기 위해서는 자신이 하는 일을 정말 사랑해야 한다.

아직 그런 일을 찾지 못했다면 계속 찾아야 한다. 절대로 타협하지 말자.

위대한 일을 하는 유일한 길은 당신이 사랑하는 일을 하는 것이다.

애플의 창업주이자 세계를 움직인 가장 영향력 있는 인물 중 한사람이었던 '故 스티브 잡스'의 어록을 인용해

본다.

사람은 저마다의 재능을 가지고 있다 그 재능이 남들이 존경하는 것일 수도 있고, 하찮은 것일 수도 있다. 내가 가장 잘 할 수 있고, 그 일에 혼신을 다할 수 있는 일을 찾는다면 얼마나 행복한 일일까. 중구 부평동 1가 4-1번지를 찾아가는 길이다.

그 곳에 가면 '메이드 인 부산'을 고집하는 '볼로니아(VOLONIA)'가 있다고 한다. 도드라진 간판만 눈으로 훑다가 길커피를 파는 아주머니께 '볼로니아'가 어디쯤이냐고 물었다. 농협 건물 뒤편 왼쪽 골목으로 쭉 내려가란다. 조금은 외지고 아날로그적인 거리이다. 윈도우 한쪽에 소박하게 자리한 〈Made in Busan〉이라는 간판이 보인다. 가게 안을 들어서니 소위 명품들의 무채색과는 달리 다양한 색감의 가방들이 눈길을 붙든다. 직접 디자인을 하고 제작, 판매까지 한다는 그 곳의 규모는 생각했던 것보다 협소하다. 가게 안쪽에서 고객과 담소 중인 장인우 사장을 만났다. 첫인상이 천연가죽의 질감처럼 편안하고 부드럽다.

"학창시절부터 여행을 좋아했고, 여행을 다니면서 가방에 관심을 가지게 되었다. 피렌체를 여행하던 중 세계적인 명품들은 그 나라의 수도가 아닌 지방에 있다는 것을 깨달았다. 독일의 유명 브랜드 00그너 제품이 우리나라에서 60%의 작업을 해 간다는 것도 그때 알게 되었다. 한국인들의 손재주가 그만큼 뛰어나다는 것이다."

처음 몇 년간은 판매만 하다가, 1993년부터 현재까지 하우스 브랜드의 꿈을 실현하기 위해 열정을 다한다. 같은 길을 걷던 동료들이 서울로 떠날 때에도 그는 부산에 남아 '디자인 부산'을 꿈꾸며 부산이라는 도시가 상품화될 수 있기를 고대한다. 이야기를 나누고 있는 사이에도 고객들의 발걸음은 계속되었다. 고객들을 대하는 그의 태도는 짐짓 예리하다. 육십 초반쯤의 여성고객이 새 가방을 사자, 전에 쓰던 가방을 맡기고 가란다. 가방모서리의 칠이 조금 벗겨졌으니 수선을 해 주겠다는 것이다.

"유명해지는 것보다 사람들과 교감하는 것이 좋다. 고객과 거리가 멀어지고 담이 높아지면 가까이 다가설 수가 없기 때문이다. 판매도 중요하지만 고객과 제작자간의 신뢰를 위하여 폐기할 때까지 무상 수리는 계속된다. 고객들의 격려는 힘과 용기를 준다. 재정적인 여력이 허락된다면, 한 달에 한 번쯤이라도 가방을 직접 만들어 보는 체험학습과 작업공간을 고객들에게 오픈하고 싶다."

사람들에게 어울리는 제품을 추천해 주기도 하냐고 물었더니, 망설임 없이 "아니오."라고 말한다. 쇼핑은 반복학습의 지혜이기 때문에 그것은 소비자의 몫이란다. 그의 꿈은 소박하지만 거창하다. 100% 자기자본으로 운영하다보니 공간 확보와 시스템적인 부분이 부족하긴 해도 부산이 세계적인 도시로 성장하기를 간절히 원한다. 콘트롤 타워를 만들어 부산을 대표하는 수제가방으로 거듭나고 싶은 하우스 브랜드의 꿈은 그의 아들(22)이 계속 이어갈 것이다. 가방의 역사가 깊은 영국이나 일본에 유학

도 보낼 예정이란다. 볼로니아만의 색깔은 무엇일까.

"가죽의 색감과 질감을 살리는데 포인트를 주고 장식을 사용하지 않는다. 대량생산보다 고객의 요구를 들어 줄 수 있는 소규모 완제품을 만들어 끝까지 책임을 진다. 부산국제영화제나 외국 관광객들의 쇼핑코스가 되었으면 좋겠다는 생각이지만…. 내년에는 파격적인 원색(SS)으로 독창적인 디자인과 수납공간이 편리한 제품을 선보일 계획이다."

가죽가방의 모태와 발전사의 근간은 부산에서 시작되었다고 그는 말한다. 부산이 세계 어느 도시에도 뒤지지 않는 아름다운 곳임을 강조하는 그에게는 부산사람의 자부심이 넘친다. 경쟁력을 소재와 기술이라고 말하는 장인우 사장은 유럽과 호주 등지에서 가죽을 수입해 소량의 맞춤 생산으로 볼로니아 만의 퀄리티를 쌓아가고 있다. 체인점을 왜 내어주지 않느냐는 질문에 "나는 고객과의 만남을 원한다. 그들이 무얼 원하는지 알 수 있어야 하고 즉각적인 민첩성을 가질 수 있기 때문"이란다. 이야기를 나누는 동안 친절하게 손님을 맞이하던 여인을 인사시킨다. 볼로니아를 사랑하는 박실장이란다. 그의 부인이다. 꾸밈없는 미소와 부산을 사랑하는 두 사람의 마음이 너무나 닮아있다. "메이드 인 부산이 나는 좋아요!"라고 그는 자신 있게 말한다. 아름다운 울림이 있는 그들의 고집을 우리는 격려하고 지지해야할 것이다. 〈2011~2012년 겨울호〉

에베레스트 길목에 한국 자선병원을 짓다

토토 하얀병원. 네팔 체불룽(2,880m)에 세워진 우리나라 병원의 이름이다. (사) '아름다운 사람들'의 대표이며 산악시인으로 잘 알려진 권경업(60) 씨는 7년 전부터 네팔에 자선병원을 지을 계획을 세우고 자재들을 모았다. '세상에서 가장 낮은 히말라야 원정대' 대원 12명과 함께 지난해 11월 출정식을 가진 후, 12t의 짐을 배로 실어 날라 현지 셰르파 400명의 도움으로 짐을 운반했다. 올해 4월부터 공사에 들어갔고 지난 6월 말께 완공했는데, 현재 일부 전자기기 설치만 남겨두고 있다.

“10월 14일 쯤에 준공식을 가질 예정이다. 한국은 14좌 완등자를 가장 많이 보유한 산악강국이다. 이제는 우리가 그들에게 베풀 때라고 생각한다. 히말라야 고봉을 등정하는데 많은 네팔인들의 보이지 않는 땀과 희생이 있었기 때문이다. 병원의 건립으로 20여 가구의 체불룽 주민들과 인근마을 2500여 명의 사람들이 의료혜택을 받게 될 것이다. 115m^2(35평) 규모의 의원급 건물이지만 엑스레이, 심전도, 원심분리기 등의 의료기기를 갖추었으며 의료진의 숙소도 마련했다.”

경상남북도 크기의 면적에 병원이 한 곳도 없는 체불룽 마을은, 차량통행이 되지 않는 에베레스트 트레킹 길목에 있어 일주일을 걸어야 닿을 수 있는 거리이다. 그 곳 국기 게양대에는 태극기와 네팔 국기가 게양됐다. 국기봉 사이의 동판에는 "한국 산악인을 도와준 네팔인들을 위해 이 병원을 바친다. 한국의 체육복권 스포츠 토토가 지원하고, 한국인 전유성, 권경업, 신영철, 이영식, 심재호, 김양숙, 이윤경, 이정식, 박용학, 한원택, 김옥자, 정성철, 한신오, 문종상, 이종한이 지었다. 이 앞을 지나가는 모든 네팔인들과 한국인들은 이 병원의 진료를 받을 권리가 있다." 라고 씌어져 있다.

"토토 하얀병원은 열린 병원이다. 누구라도 무료로 치료를 받을 수 있다. 또한 앉아서 기다리는 병원이 아니라 의사와 간호사가 마을로 왕진을 나가는 '찾아가는 병원'으로 운영될 예정이다. 7년 전 병원건립을 계획했을 때, 함께 하겠노라고 말했던 몇 명은 생업을 잠시 포기한 채 그 곳에서 각자의 몫을 기꺼이 해냈다.(한 마디로 약속에 코가 뀄 것이죠, 하하) 한 번은 그 곳을 지나가던 트레커가 태극기를 보고 와서 우리의 취지를 듣더니 5일 동안 일을 도와줘서 큰 힘이 된 적도 있다."

병원 건립에 들어간 예산이 미화 35만 달러 정도(그 중 10만 달러는 대원들이 받기를 거부한 일당을 계산한 것으로 실제로는 25만 달러 정도)다. 건립비용은 기업체와 일부 후원 인들의 기부금과 스포츠 토토에서 9,000만 원을 후원했으며, 권경업 단장을 포함한 대원들의 사비로 충당했다. 건립에는 병원 구상 단계부터 의기투합한 개그맨 전유성 씨의 도움도 컸다. 스포츠 토토의 후원을 끌어낸 장본인도 바로 그다.

권경업 씨는 「달빛무게」 외에 13권의 시집을 출간했다. 1990년에 발표한 백두대간 연작시 60여 편으로 '산악 시'라는 새로운 장르를 탄생시키기도 했다. 또한 식당을 운영하며 '성지곡 수원지'에서 1989년 5월부터 23년 동안 노인들을 위한 무료급식을 해오고 있다. 매일 그 곳을 찾는 노인들의 수가 300~400여 명에 이른다.

"나는 등단하지 않았다. 등산만 했다. 산길을 걷다보니 시인이 되어 있었다. 나에게 산은 좀 더 나은 정신세계에 도달하고자 하는 구도의 길이었다. 이제 물리적인 높이를 낮춰 나누는 삶이 필요하다. 무료급식 또한 우리 주변의 노인들이 굶고 있다는 걸 우연히 알게 되어 오늘까지 이어져 오고 있다."

권경업 시인은 병원을 짓는 게 "너무 힘들었다"고 말한다. 그러면서도 '제2차 낮은 원정

대'를 모집한다. 이번엔 네팔에 소수력발전소를 지을 계획이다. 네팔을 한 번 다녀올 때마다 체중계는 10kg 이상의 눈금을 내려놓지만 그의 열정을 멈추게 하지는 못한다. 그는 행동하고 실천하는 시인이다. '자랑스런 부산시민상'과 '대통령 표창'을 수상했으며, 1983년 설립된 〈부산등반연구소〉의 대표와 27년째 열리고 있는 일본 오사카의 〈원 코리아 페스티발〉의 후원회장을 맡고 있다. 나누며 사는 시인의 삶은 퍼내어도 퍼내어도 줄지 않는, 그 깊이를 다 알지 못하는 마치 사랑의 화수분 같다.

〈2011년 가을호〉

국'의 내용을 미리 들어본다.

"부산의 역사는 신라에 흡수되고 가야에 합병되어 대개는 없는 것으로 알고 있다. BC 3세기경 해운대에는 장산국이 있었다. 장산 10만평의 산 정상에는 억새밭과 너덜겅이 있고 해발 634m인 그 곳은 사람이 살기에 가장 좋은 환경이었다. 하늘에서 무지개를 타고 온 선인과 고선옥이 부부의 인연을 맺어 아들 10명과 딸 10명을 낳은

부산광역시 여성문화회관 관장 김희영

시가 있는 여행

화려한 봄꽃들의 축제는 끝이 났다. 하얀 배꽃의 단아함이 누리에 정갈한 꽃불을 지필 즈음, 김희영(52) 시인을 만나러 사상구 학장동에 위치한 여성문화회관을 찾았다. 관장실의 문을 두드리니 환한 반가움으로 손인사를 건넨다. 그 미소가 초록버찌처럼 신선하고 기분이 좋다.

공무원 생활 32년째라는 김희영 시인은, 1990년 〈문화일보〉 신춘문예 당선으로 시인이 되었으며, 2010년 10월에는 부산광역시 여성문화회관의 관장이 되었다. 시력詩

歷도 공직생활도 누구 못지않은 연륜을 자랑한다. 부산문학상, 부산여성문학상, 문예시대 제1회 작가상, 제1회 공무원 문학상, 제1회 부산탐방문학상 등 수상경력 또한 다양하다.

관장으로의 승진을 축하한 다음 그곳에서 어떤 일을 하고 있는지 들을 수 있었다.

"여성들의 문화생활과 삶의 질 향상을 위한 교육기관입니다. 다양한 문화강좌(요가, 사무놀이, 요리…등)를 통하여, 예술봉사, 자원봉사, 복지활동 등 건전한 여가활동을 실시하고 있지요. 다문화가족 지원사업 중 하나로 '한국이름 지어주기'를 실시하여 130여 명이 한국이름을 가지게 되었고, 그들도 한국인이라는 자긍심과 소속감을 갖게 하는 좋은 계기가 되었다고 생각합니다. 5월에는 사상구 다문화지원센터에서 가족과 함께하는 〈명랑운동회〉도 열릴 예정입니다."

시인의 남편과 딸도 부산시의 모범 공무원이다. 부부는 현재 해운대 구청에서 근무하고 있는 딸에게 훌륭한 선배이며 조언자이기도 하다. 업무 중에도 가끔 전화를 걸어 자문을 구한다고 말하는 시인의 얼굴엔 공무원 가족으로서의 자부심이 남다르다.

사람들은 누구나 아름다운 여행을 꿈꾸며 산다. 그러나 여행을 하고 난 후, 머물렀던 흔적들을 시라는 이름으로 재탄생 시킬 수 있는 사람은 그리 흔하지 않다. 김희영 시인은 2010년 10월에 『시가 있는 여행』이라는 시집을 통하여 소멸될 뻔한 시간들을 곱게도 되새김질 해놓았다.

"최근 몇 년 동안 내가 살고 있는 지역에서부터 북한, 중국, 미국, 북유럽에 이르기까지 여행을 하면서, 그 때의 감동과 감성을 시집에 담았습니다. 특히 내가 사는 부산의 곳곳을 돌아보며 공무원으로서 어필하고 싶은 것들을 시로서 표현하기도 했고요. 처음에는 여행을 하다 시를 쓰곤 했는데, 이제는 시를 쓰기 위해 여행을 즐기게 되는 것 같아요."

시인은 여행시집을 내고 난 후, 독자들로부터 특별한 인사를 받기도 한단다. 부산을 다시 돌아보게 되었다는 사람도 있고, LA를 업무 차 방문했을 때 그 곳의 한인회장으로부터 "우리가 미국에 살면서도 생각지 못했던 부분들을 긍정적인 시각으로 표현해 주어서 정말 놀랐다. 시집을 통하여 미국을 새로이 알게 되는 좋은 계기가 되었다."라는 말을 듣기도 했다고 회상한다.(제 5부 '미국을 가다'에는 '라스베가스로 가는 길목에서' 외에 11편의 시가 있다.)

시집 『시가 있는 여행』은 부산문협회의 제1회 부산탐방문학상 을 받는 영광을 차지했다.

"제게는 큰 행운이고 뿌

듯함이지요! 직장생활을 하면서도 언제나 시인으로서의 본분을 다하려고 노력합니다. 제 글에는 잘 다듬어진 메시지가 있다고 말하더군요. 올해 처음 제정된 〈부산문화탐방상〉은 여행지에서 쓴 작품을 대상으로 수여되는 상이었고, 『시가 있는 여행』이 제1회 수상의 영광을 안게 되어 매우 기뻤습니다."

시인은 말한다. 시를 쓴다는 것은 밝고 아름다운 사회를 보는 것이라고. 시를 씀으로써 시각과 사고가 긍정적으로 바뀌기 때문이란다. 그래서 그의 시는 어둡고 부정적인 시가 아닌 서정성을 추구한다고 수줍은 듯 자기의 시 세계를 드러내 보인다.

여성문화회관 관장으로서 현재를 사는 여성들에게 들려주고 싶은 이야기와, 시인으로서 새로운 시작詩作을 준비하고 있는지 알고 싶었다.

"지금은 남녀평등의 시대입니다. 여성의 나약함과 아름다움을 내세우는 것은 어리석은 일이지요. 일과 가정을 양립하면서 한직에서 핵심부서로 당당히 승진할 수 있는 능력 있는 여성이 되라고 말하고 싶습니다. 부산의 공무원으로서 오래 전부터 '부산 100경'에 대한 시집을 준비하고 있습니다. 마무리가 되는대로 2~3년 안에 발간할 예정입니다."

여행은 인간의 역사를 확인하는 일이라고도 말한다. 김희영 시인은 여행을 하면서 사람들에게 편지를 쓴다. 아름다운 이름들을 되새기며 평소 잊고 살았던 소중한 것들에게 안부를 전한다. 혼자서 걷는 길보다 여럿이 함께 걷는 길을 더 사랑한다는 시인은 삶도 글도 건전하다. 그래서 시인이 새로이 부르게 될 길 위에서의 노래가 더욱 기다려지는지도 모른다. 〈2011년 여름호〉

김신규 사진전 '산복도로에 관하여'

삶은 행복이다. 행복을 기록한다는 것은 설렘이며 즐거움이다. 김신규 사진작가를 만나러 가는 길에는 그러한 설렘이 있었다. 이유는 간단하다. 나도 사진을 배우고 싶었고 그 희망은 아직도 현재진행형이기 때문이다.

부산 동구 초량동에 자리한 프랑스문화원 전시실에는 산복도로에서 나고, 자라고, 마흔이 훌쩍 넘은 지금도 산복도로에서 살고 있는 사진작가 김신규(45)님의 사진전이 열리고 있다. 아홉 번째 사진전인 '산복도로에 관하여'라

는 이름의 전시회이다. 작가는 쉼 없이 산복도로를 찍고 보고 기록한다. 그에게 산복도로는 곧 행복인 것이다.

1층 전시실을 둘러보니 한지에 담겨진 산복도로의 정경이 이웃처럼 편안하게 다가온다. 다닥다닥 붙은 낮은 집들과, 골목을 따라 술래잡기를 하는 꼬마의 얼굴, 이제는 점점 사라져 가는 빨간 우체통의 추억과 좁은 굴다리를 지나는 산복도로의 사람들. 담벼락 한곳에 쌓인 연탄재는 궁색함이 아니라 더없는 정겨움이다.

❦ 사진작가로서의 인생을 걷게 된 특별한 계기는?

"사진은 중 2때부터 시작했었지요. 전업을 하게 된 이유는 즐겁게 살자는 삶의 이슈에서 출발했고요. 물질의 가치기준에서 무형의 가치로의 이동을 통해 나의 정체성과 나를 가장 잘 표현할 수 있는 것이 사진이라는 생각이 들더군요. 200초분의1이라는 순간이 카메라에 포착되었던 대표작이 사진작가의 길을 걷게 된 결정적인 계기가 아니었나 싶습니다. 세상의 따뜻함을 사진으로 전해야겠다는 뭐 그런 마음으로요."

재래문화가 가져다줄 문화재생을 꿈꾸기에 그의 사진은 참으로 따뜻하고 인간적이다. 그래서 작가는 인화지의 차가움 대신 한지의 구깃구깃한 질감으로 따뜻함을 전한다. 컬러사진과 복합되어 연출되는 파스텔톤의 은은한 사진들은 가장 인간적인 소통을 꿈꾸는 그의 마음인지도 모른다.

❦ 산복도로로 이어진 주거지속 사람들의 모습을 담으며 그곳에서 소재를 찾는 이유는?

"특별할 것은 없지만 제가 태어나고 지금까지 살아가고

있는 곳이기에 가족처럼 따뜻하고 어릴 적 뛰놀던 곳이라 그런지 작업의 진실성이 있는 것 같아서 좋습니다. 산복도로는 사람과 사람 사이에 벽이 없는 그런 공간이지요."

'나는 산복도로 작업을 통하여 사진 찍기 혹은 문화의 행복함을 그곳의 많은 이와 공유하려 한다. 그 큰 꿈이 내가 태어난 산복도로 좌천동으로 돌아오는 것인지 아님 떠나지 못하는 것인지… 산복도로에 질문하여본다' 작가노트에 쓰인 작가의 글에 고개가 끄덕여진다.

❦ 작가만의 특징 있는 작품과 그 사진을 통해 말하고자 하는 것은?

"저는 작가가 작업만을 한다고 생각하지 않습니다. 시대와 사회를 공감하며 대안을 찾고 그 속에서 희망과 감동을 전해야 된다고 생각합니다. 시대와 문화와의 절대적 공감이지요. 특징이 있다면, 사람중심의 훈훈하고 소박한 우리 이웃대중들의 이야기를 제대로 전달하고자 노력하는 것입니다."

작가는 인간의 아픔을 보듬으며 사진을 통하여 희망을 찍는다. 사진 찍기를 통하여 대중들과의 진정한 소통과 사라져가는 재래문화가 가져다줄 활발한 문화세상을 꿈꾸고 있다. 그는 또 '사진과 모든 예술은 대중과 격리되지 않고 같이 공유해야 하는 시대'라고 강조한다.

❦ 사진이 갖는 매력은 무엇이며 앞으로의 전시계획은?

"사진의 매력은 기록입니다. 다큐멘터리이지요. 삶의 기록들을 되돌아보며 그 시절의 애틋함과 추억들을 떠올릴 수 있으니 그보다 좋을 수는 없지요. 저의 산복도로 사랑은 계속될 것입니다. 대하소설처럼 제가 살고 있는 좌천동으로부터 시작하여 산복도로 스토리텔링은 쭈욱 이어

질 것입니다. 또 많은 이가 공감할 수 있도록 도로 곳곳(이발소 등…)에도 전시하여 문화재생이라는 이름으로 이웃과 함께 즐길 수 있는 사진작가가 되고 싶습니다."

올해로 고등학생이 되는 작가의 딸도 사진을 찍고 전시회에도 참여한다. 그가 자랐던 공간에서 같은 모습으로 성장하는 딸의 사진도 아버지를 닮아간다. 산복도로의 재구성이랄까. 다락방의 추억을 공유하고, 학교를 마치면 뒷동산으로 산복도로로 뛰어다니는 딸의 생활도 어릴 적 그의 일상과 다름없기 때문이다. 다락방 천장의 알전구가 정겨운 사진 앞에 발길이 머문다. 지금은 작가의 작업실이며 유년의 숨결이 있는 그 사진을 특별히 좋아한다고 귀띔한다. 그에게 산복도로는 초라한 달동네가 아니라 우리네 삶의 오늘을 보여주는 자부심이다. 또한 사진은 직업이기 전에 그의 꿈이다. 김신규 사진작가를 통하여 산복도로의 이야기는 빛바래지 않고 오래오래 이어질 것이다. 〈2011년 봄호〉

빛

서봉수

김기병

방경자

김상균

이영애

서봉수 시인

3.1동지회 중앙회 회장

사단법인 3.1동지회중앙회 회장이자 재향군인회 부산 중·동구 회장인 서봉수(74) 님은 시인이자 시조시인이다. 2004년 '흙' 외 4편의 시가 〈농민문학〉 신인상에 당선되어 시인으로 등단했고, 2006년에는 〈좋은문학〉을 통해 '독도' 외 4편의 시조로 시조시인이 되었다. 3.1 독립정신을 바탕으로 생명이 다하도록 시인, 시조시인으로서 문학의 삶을 살겠다는 그는 '3.1동지회가'를 직접 작사하기도 했다.

서봉수 님은 젊은 세대들이 간과하기 쉬운 역사의 중

요성과 애끓는 우국충정의 심정을 시로 승화시켜 후손들에게 각인시키려는 사명감으로 쉬지 않고 시작詩作활동을 한다. "소금 3%가 바닷물을 썩지 않게 하듯이 내 마음 안의 3%의 영감을 나의 시세계에서 펼치고 흙의 정신으로 시인의 길을 걷고자 한다"고 〈농민문학〉 당선소감을 통하여 말하고 있다.

3.1동지회와 재향군인회 외에도 서봉수 님의 직함은 아주 다양하다. 독립유공자호국영각회 회장, 6.25국가유

공자회부산지부 감사, (사)한국청소년마을 부산지부 지회장, (사)보성노인대학 이사장, 청소년유해환경감시단 단장, (사)한국여가레크레이션협회 부산지부 지회장, 고려대학교 사회체육과 겸임교수 등등…. 그의 사무실 벽면을 둘러싼 수많은 상패와 사진들이 다양한 이력과 열정적인 활동을 고스란히 대변하고 있다.

그가 중앙회 회장으로 몸담고 있는 3.1동지회는 어떤 단체이며 무슨 활동들을 하는지 궁금했다.

"1919년 3.1운동으로 결성된 3.1동지회는 국가 정체성을 올곧게 세우는 한편 애국 애족과 순국선열의 고귀한 정신을 기리는 애국단체입니다. 3.1절, 현충일, 8.15광복절, 박재혁 독립운동가 추모행사 등 각종 기념사업들을 펴고 있습니다. 특히 선열들의 독립운동 정신을 계승하고 청소년들의 애국심과 산 역사의식을 고취하기 위하여 매년 3.1만세운동을 재현하고 있어요."

서봉수 님은 재향군인회 발전에 이바지한 공로로 대한민국재향군인회 회장 공로 표창장을 받았다. 재향군인회 부산 중·동구 회장인 그는 재향군인회의 역할을 이렇게 들려준다.

"재향군인회도 많은 활동을 하고 있습니다만 특별히

참전 회원들의 명예선양과 유가족의 생활안정, 전상용사들의 복지를 위해 노력하고 있습니다. 호국용사 묘지 운영과 조성 등 회원들의 친목과 권익신장을 위한 여러 가지 일들을 하고 있지요."

서봉수 님은 3.1동지회와 재향군인회의 직함이 말해주듯이 애국애족과 호국 활동에 오랜 세월 헌신해 왔다. 그런 그에게는 아주 엉뚱하다 싶은 색다른 직함도 있다. (사)한국댄스스포츠지도자협회 이사장이 그것이다. 그의 사무실 앞에는 〈한국댄스스포츠지도자협회〉라는 또 하나의 간판이 걸려 있다. 3.1운동 정신을 계승하는 애국애족 시인에 집중되었던 생각에 던져주는 신선한 충격(?)이라고나 할까.

집무실과 통하는 미닫이문을 밀자 수십 평 크기의 널따란 플로어가 시원스레 열려 있었다. 그에게서 스포츠댄스지도자협회에 대한 이야기도 들어보았다.

"댄스스포츠지도자협회 또한 3.1동지회의 부설단체입니다. 46년이란 세월 동안 댄스스포츠협회에서 배출된 지도자들은 헤아릴 수 없이 많지요. 초중고 교사들도 이곳의 교육을 통하여 자격증을 받고 학생들을 가르친답니다. 전국 댄스스포츠경연대회 등 다채롭고 활발한 활동들을 통하여 전국의 회원 수도 꽤 많이 확보하고 있습니다. 저의 젊음과 열정의 무대이기도 하답니다."

서봉수 님의 명함을 처음 받아들었을 때 무척 놀랐었다. 어떻게 그 많은 일들을 해낼 수 있는지 믿기지 않았기 때문이다. 그런데 서봉수 님을 직접 만나고보니 그것은 괜한 기우였음을 알 수 있었다. 그는 역사를 말할 때는 역사 선생님이 되었고, 댄스스포츠를 이야기할 때는 뜨거운 열정이 넘쳐흘렀으며, 문학을 말할 때는 어느새 감성어린

시인이 되어 있었다. 만년청년 서봉수 님의 뜨거운 열정은 언제까지나 식지 않으리라.

서봉수 님은 행정자치부 장관 표창장(예부문)과 대한민국재향군인회 회장 공로 표창장(발전공로부문), 그리고 청소년건전육성에 기여한 공로로 문화관광부장관 표창 등 수많은 공로패와 표창장을 받았다. 또한 독도예술제 시부문 최우수상, 문화예술세계 한국문화예술제 문학상 계몽시 대상 등 많은 상을 수상했다. 〈2010~2011년 겨울호〉

동래구 인공암벽장 운영자문위원장 김기병

언제나 청춘

전국 81곳에 폭염특보가 내려졌다. 열대야에 잠 못 이루던 사람들은 계곡이며 바다로 대이동을 한다. 휴가철을 맞이하여 지구촌 곳곳의 피서지는 이미 북새통을 이루고 있다. 삼복더위의 틈새로 잠깐 빗방울이 떨어지던 날, 동래문화회관내에 있는 인공암벽장을 찾았다. 그 곳에 가면 40여년 산과 암벽을 오르내리며 노익장을 과시하는 김기병(77)님을 만날 수 있기 때문이다.

암벽등반<Rock climbing>은 어떤 운동인가요?

"암벽등반은 특정 신체 부분만을 위한 운동이 아니라 전신운동인데다 균형감각과 유연성에 탁월한 효과가 있지요. 요즈음은 스포츠 클라이밍처럼 레저스포츠로서 남녀노소 구별 없이 암벽등반을 즐기는 추세입니다. 특히

몸매 관리와 피부에 효과가 있다고 알려지면서 젊은 여성들도 많이 선호하고 있답니다.“

❦ 선생님께서는 언제부터 암벽등반을 하셨는지요?

“1970년대부터 시작했었어요. 6.25전쟁 당시 월남한 실향민으로서 명절 때마다 겪어야 하는 외로움을 메우기 위해 등산을 시작한 것이 계기가 되었답니다. 10년쯤 등산을 하다가 등반에도 기술이 있다는 것을 알고 한국등산학교(서울)와 부산등산학교를 다니기도 했고요.”

❦ 암벽등반에서 가장 중요한 것은 무엇입니까?

“아무래도 장비겠지요. 장비로는 로프, 암벽화, 안전벨트, 카라비너, 헬멧, 연결 줄… 그 외에도 때에 따라 필요한 장비들이 있습니다. 암벽등반은 혼자서 하는 운동이 아니라 두 사람이 서로 도와가며 해야 하는 운동이지요. 그러기 때문에 회원 간의 친밀감 또한 남다르다고 할 수 있지요.”

❦ 특별히 기억에 남는 일이나 앞으로의 계획은 어떤 것인지요?

“1996년에 백두대간(지리산 천왕봉~진부령)을 혼자서 68일 동안 무보급으로 등반(종주)한 적이 있어요. 고향을 찾아간다는 신념으로 시작한 일이었지만 도중에 허리디스크 때문에 두 시간을 그 자리에서 꼼짝 못하고 있었던 기억이 생생합니다. 뚜렷한 목적과 정신력이 없었다면 아마도 완주할 수 없었을 것입니다. 앞으로의 계획은 후배양성을 위해 남은 시간을 살고 싶다는 생각입니다. 실내인공암벽장을 찾는 사람들에게 맨투맨 혹은 단체로도 교육을 할 요량입니다. 그래서 주 5일 근무제의 여가활동과 도심에서도 즐길 수 있는 암벽등반의 매력을 많은 사람들과 공유하고 싶다는 생각입니다."

김기병 선생은 취재를 하는 내내 성심성의껏 답을 해주었고, 등반에 관한 많은 이야기를 들려주었다. 1988년 네팔 등정 이야기며 전국 스포츠클라이밍 대회와 인공암벽장의 역사 등…. 그에게서 77세의 나이란 정말이지 숫자에 불과한 것 같았다. 작은 체구이지만 젊은이 못지않게 탄탄한 근육질 몸매와 암벽등반에 대한 열정이 느껴진다.

등반의 모습을 볼 수 있겠냐고 여쭈었더니 주저 없이 암벽을 오르기 시작한다. 알록달록 다양한 모양으로 박

힌 손잡이와 벽면의 구멍을 이용해 좌우상하를 자유롭게 이동하는 모습이 박쥐처럼 날쌔다. 그런 그에게서 "언제나 청춘"이라는 단어를 떠올리며, 실내와 바깥에 설치된 인공암벽장의 모형 앞에서 '나도 한 번 도전하고 싶다'는 강한 충동이 일었다. 동래문화회관을 둘러싼 한여름 지친 초록이 유난히도 건강해 뵈는 하루다. 〈2010년 가을호〉

방경자 여사

토우들의 합창, 토암공원

누리를 수놓았던 5월의 장미가 질 때쯤 그보다 더 붉은 함성들이 남아공으로 향한다.

"대~한~민~국~!"

환호성으로 들끓던 2002년 그날을 떠올리며 대변항이 내려다보이는 기장군 기장읍 대변리 521-1번지 토암공원을 찾았다. 언제나처럼 토암 서타원(1945~2005)선생이 마음으로 낳은 아이들〈土偶〉이 어수룩하고 못생긴 얼굴로 사람들을 맞아들인다.

토암 선생은 서양화와 음악에도 조예가 깊었다. 그러나 불이 좋고, 흙이 좋아서 도예로 길을 바꾸었다. 선생은 불에서 인생을 배운다고 했다. "흙에는 가치기준이 없다. 1을 투자한다고 1이 나오지 않으므로 결과를 예측할 수 없다. 도자기는 불의 예술이므로 인간의 재주만으로는 결과를 장담할 수가 없다. 자연에 순응하면서 정성을 다하는 농사꾼의 마음으로 임하면 농사처럼 좋은 결실을 맺게 되는 것이 바로 도자기이지요."-토암 서타원 화보중에서-

토암공원의 토우들을 보고 있노라면 웃음이 절로 난다. 그들에겐 귀가 없다. 머리 또한 텅 비어 있다. 1997년 암 선고를 받은 토암 선생은 세상 사람들이 전하는 '비책'입네, '대체요법'입네 전하는 솔깃한 말들이 싫어서 아예 안 듣겠다는 마음으로 귀 없는 토우를 만들었다고 한다. "헛된 소리 딱딱한 소리 듣지 말고 텅 빈 마음으로 참된 노래를 하자."

토암 선생의 미망인 방경자(60) 여사를 만났다. 매년 10월의 마지막 날에 열리는 음악회에 대해서 여쭈었다. 1999

년도에 시작하여 올해로 13회째(설치미술전 1회 포함)를 맞이하게 되었다고 한다. "도자기는 무에서 유를 창조하는 작업이다. 돈 들이지 않고 자연에서 얻은 흙을 재료로 도자기를 만들고 그로 인해 수입도 생겼으니, 소박하나마 나눔의 의미로 작은 음악회를 열어 국밥 한 그릇의 대중공양을 베풀자"는 취지로 음악회를 시작하게 되었단다.

"2004년의 음악회를 잊을 수가 없습니다. 투병중이시던 선생께서는 '아마도 내년이면 나는 이 자리에 없을 것입니다. 하지만 음악회는 계속 될 것입니다. 이 사람(방경자 여사)이 계속 이어나갈 것이기 때문입니다.' 다음해 3월에 토암 선생께서 작고하셨습니다." 그때를 떠올리는 여사님의 눈가엔 촉촉한 이슬방울이 맺혀 있었다.

10월의 마지막 날이면 1000여명의 사람들이 음악회를 관람하기 위하여 그곳으로 모여든다. 가곡이며 대중가요, 장르와는 상관이 없다. 무료공연임에도 불구하고 기꺼이 무대를 지켜주는 음악인과, 오시는 사람마다 국밥 한 그릇의 나눔으로 따뜻한 사랑이 넘치는 공간. 그래서 사람들은 10월의 마지막 날을 기다리고 있는지도 모르겠다.

“2009년 6월에 음악회의 활성화를 위하여 ‘토암추모사업회’가 발족되었습니다. 기장군 요식업협회가 후원에 적극 앞장서 기장의 문화축제로 자리매김하기를 바라는 마음에서이지요. 저 또한 그들의 애정과 토암 선생의 뜻을 받들어 이 음악회가 계속 이어질 수 있도록 노력할 것입니다. 그러기 위해서는 여러분들의 지속적인 관심과 도움이 필요하겠지요."

여사님과 토우동산을 거닐었다. 텅 빈 마음들이 전염되어 욕심 한 자락 내려놓는다. 2002년 아시안게임과 월드컵의 승리를 기원하며 만들었다는 2002개의 토우들! 토우에 담긴 수천 가지 표정과 수천 개의 인생. 토우들의 합창이 남아공의 그라운드에도 전해져 우리 선수들에게 큰 힘이 되기를 기원하며 토우들과 작별을 했다. 10월의 마지막 날 다시 찾으리라 다짐하면서. 〈2010. 7~8월호〉

천주교 부산교구 사회사목국 김상균(안토니오) 신부

밥 한 공기의 사랑, 이동 밥차

그곳으로 가는 길은 조금 외지고 숨이 찼다. 전포동 쪽에서 황령터널 위 고갯길. 10번 마을버스 길을 따라 오라던 말을 기억하며 '돌산공원'으로 향했다. 고갯마루에서 미화원 아저씨께 다시 길을 물었다. 오른쪽 골목길을 따라서 가란다. 낮은 시멘트 담벼락에 그려진 벽화들이 이채롭다.

전포동과 문현동을 잇는 산마루쯤에 공원이 있었다. 저만치 빨간 밥차의 모습이 보인다. 주황색 조끼를 입은

'로사리오 카리타스' 봉사자들의 발걸음이 부산하다. 공원 한켠에서는 공사가 한창이다. 그럼에도 벚꽃은 참 허벅지다. 벚꽃의 합창에 기가 눌렸는지 백목련이 꽃잎갈이를 시작한다. 김상균(안토니오) 신부를 만나야 한다. 사람들 속을 두리번거리다 밥차 위에서 진갈색 점퍼차림 사이로 드러난 로만칼라를 발견했다. 천주교 부산교구 사회사목국에서 봉사하는 김 신부였다.

"2009년 6월 16일부터 무료급식을 위한 이동 밥차를 운영했답니다. 부산시내의 무료급식소가 많이 있지만 대부분 복지관이나 도심에 자리하고 있어요. 그러다보니 소외된 곳의 거동이 불편한 어르신들께서 이용하시기가 쉽지 않아 이동이 용이한 밥차를 마련하게 되었습니다."

내가 만난 김 신부는 수줍은 듯 겸손하다. 대화를 나누는 내내 아는 것이 별로 없다며 멋쩍은 미소를 지어 보인다. 그러면서도 봉사자들과 인사를 나누고 밥차의 준비과정을 꼼꼼히 챙기는 모습은 어린양을 돌보는 선한 목자의 모습 그대로였다.

"순전히 후원금으로 급식을 준비합니다. 매달 빠짐없이 후원하는 회원과, 일회성으로 혹은 가게를 하면서 싱싱한 야채나 생선을 제공해 주기도 하구요. 변동이 있긴 하지만 200여 명의 후원자가 '밥 한 공기'의 나눔에 동참하고 있습니다. 또한 야외에서의 급식을 위해 50여 명의 자원봉사자가 활동하고 있으며 일주일에 세 번 밥차를 운영해요. 장소는 이곳 '돌산공원(화)'과 서동에 있는 '서영어린이놀이터(목)', 주일엔 회원들이 이동 밥차를 직접 운영하고 있답니다.

기도로서 봉사를 시작하는 사람들! 기도문 아래에는 이런 성경 구절이 적혀 있었다. “각자가 받은 은총의 선물이 무엇이든지, 그것을 가지고 서로 남을 위해서 봉사하십시오. 그리하여 하느님께서 주신 갖가지 은총을 잘 관리하는 사람이 되십시오. 〈1베드 4,10〉”

“밥과 국 외에 세 가지의 반찬을 준비합니다. 마음 같으면 좀 더 나은 식단으로 식사를 제공하고 싶지만, 그래도 맛나게 드시는 어르신들을 보면 행복과 감사라는 단어가 스쳐갑니다. 바쁘신 중에도 거르지 않고 나눔을 실천해 주시는 봉사자들에게도 정말 고맙구요. 밥 한 공기의 사랑으로 모두가 기쁜 밥차가 되었으면 하는 것이 제 소망입니다. 아, 참~ 그리고 후원하는 사람이 좀 더 많아졌으면 좋겠어요. 그래야 아름답고 소박한 밥상이 오래도록 유지될 수 있을테니까요. 호호"

공원은 어느새 사람들의 물결로 넘쳐났다. 돌산공원엔 봄꽃보다 더 화사한 사람꽃이 만발했다. 봉사자들의 손길도 국을 퍼는 김 신부의 손놀림도 바빠졌다. 50인 분의 대형 가마솥 7개가 모두 바닥을 드러냈다. 360여 명 정도가 다녀가셨단다. 심술궂던 봄날의 늦추위도 오랜만의 착한 나들이로 사랑의 밥상을 데우고 있었다. 여기저기서 벚꽃 터지는 소리가 요란하다. 김 신부의 멋쩍은 너털웃음이 나무 뒤로 숨는다. 집으로 돌아가는 어르신들의 발걸음에도 노란 들꽃 향기가 번진다. 〈2010년 5~6월호〉

수필가 이영애

을숙도 에코지기

7080 이전의 세대들에게 을숙도는 쪽닥배의 추억이다. 무성하던 갈대숲과 연인들의 설렘은 어디로 간 걸까? 도시화라는 이름으로 곳곳이 찢기고 훼손되었지만, 생태계를 복원하고 보전하려는 사람들의 노력이 있어 철새들의 행렬은 '새가 많이 살고 물이 맑은 섬'인 을숙도乙淑島로 쉼 없이 오고 갈 것이다.

2007년 6월에 '낙동강에코센터'가 개관되었다. 에코센터를 탐방하는 사람들에게 낙동강하구의 생태를 제대로

알리기 위해 지금도 70여 명의 자원봉사자들이 활동하고 있다. 에코센터 생태안내 자원봉사자회 초대회장을 지낸 부산의 대표적인 수필가 이영애(59)님을 만났다. 그녀는 지금도 변함없는 에코지기로서 에코센터를 안내하는 등 봉사활동에 여념이 없다.

"처음 을숙도를 만난 것은 1970년 봄, 대학연합서클 야유회 때였어요. 신선하고 목가적인 을숙도의 풍경에 반해 당시 클래식을 들려주던 카페 〈강변〉을 자주 찾아가곤 했답니다. 결혼 후, 그 농네를 서성거리는 자신에게 놀

랐고, 지금까지 30여 년 그 강가를 배회하며 살고 있지요."

에코센터 1층 전시관 벽면에는 그녀의 시詩가 걸려 있다. 을숙도의 풍경을 카메라의 앵글로 확대해 놓은 듯 시적 형상이 선명하다. 몇 걸음을 지나니 최근 을숙도 남단에서 그녀가 촬영한 300~400 개체의 고니들이 먹이작업을 하는 동영상이 TV 화면을 통해 상영되고 있었다.

활주로에 착륙하듯 날개를 접으며 내려앉는 백로(고니)의 화려함이 눈부시다.

에코의 아침

난들 이영애

뒷부리도요는 긴 부리로 찬거리 집어올리고
청다리도요는 잽싼 걸음으로 식탁을 차린다
신이 난 깝작도요는 빠른 날개짓을 반복한다

흰뺨검둥오리는 잠수하며 아침목욕을 즐기고
홍머리오리, 청둥오리, 나란히 산책중이다
외톨이 된 댕기흰죽지 못 본 척 외면한다

중대백로는 장식깃을 날리며 도도히 내려앉고
야근한 물수리는 솟대에서 깜빡깜빡 조는데
파수꾼 왜가리는 어깨띠 두르고 짹짹 점호한다

아침햇살 물별들로 습지는 눈부셔가고
갈대는 바람과 함께 벌써 드러눕는다
오, 저 절묘한 조화

“자연과의 교감을 글로서만 표현하기에는 부족함이 많아, 살아 숨 쉬는 자연의 소리를 담고자 캠코더를 구입하고 〈습지와 새들의 친구〉가 주최한 8개월 과정의 생태기행학습을 통해 새들과 생명을 가진 작은 것들에 관심을 두게 된 것은 획기적인 일이었지요. 을숙도 생태복원 사업으로 에코센터가 준공될 때를 대비한 자원봉사자 양성과정을 공부하면서 줄곧 기록을 영상에 담아 왔습니다.”

우리는 낙동강의 담수와 다대포의 해수가 만나는 강변로를 따라 새들이 있는 곳으로 이동을 했다. 낙동강 하구의 생태보전을 위해 차량이 통제되고 있었고, 탐방객들 또한 예약대로 안내한다고 했다. 그녀의 곁에는 “나의 119”라 칭하는 부군도 함께였다. 을숙도대교와 가까이 자

리한 그곳에선 영상물을 통해 만났던 고니와 청둥오리들이 한가로이 겨울나기를 하고 있었다. 눈앞의 아름다움에 탄성이 절로 난다. 그야말로 장관이다.

"이곳에서 자연을 사랑하는 많은 사람들을 만나게 되면서, 생태여행단을 만들고 싶다는 생각을 합니다. 가슴으로 느끼면서 글로 표현하고, 영상으로 남기는 것 또한 제 꿈이기도 하니까요."

을숙도와 함께 호흡하며 자연의 소중함을 알고 난 후에는 죽은 새 한 마리도 그냥 지나치지 못하게 되었다는 수필가 이영애. 이제는 새나 습지의 생물들 이름뿐만 아니라, 그들의 소리나 몸짓만으로도 어떤 상황인지 조금은 알 것 같단다.

"철새들의 노래가 이곳에서 끝없이 이어졌으면 좋겠어요. 낙동강 하구의 모래톱과 일몰이 아름다운 이곳 을숙도는 언제나 나와 함께 할 것입니다." 〈2010년 3~4월호〉

길

최화수

강신구

박달수

김상곤

박송죽

소설가 최화수

날마다 아침산에, 그리고 소설

밤사골 계곡의 물소리는 청아했다. 사람들의 옷차림은 단풍빛으로 곱게 바뀌었지만 물소리는 예나 지금이나 변함이 없다. 불과 20여 년 전의 이 길에서 '고어텍스'니 '티타늄 스틱'이니 '쿨맥스' 소재의 등산장비들이 온 산을 덮으리라는 상상을 하기나 했을까. 전문산악인의 옷차림으로 산에 오르는 사람들을 보며 산 마니아인 언론인 출신 최화수 소설가의 감회는 어떤 것일까. 단풍의 절정인 10월의 마지막 주말. 지리산 뱀사골 와운마을을 거쳐 함양 상림마을을 탐방하는 '00역사문화기행' 길에 동행했다.

그의 산사랑은 뜨겁다. 평소 과묵하다가도 산길에 들어서면 능숙한 안내자가 된다. 최화수 이름 석 자를 제대로 꾸미는 말은 어쩌면 '지리산'일 것이다. 1990~91년 국제신문에 연재했던 글을 묶은 『지리산 365일』(전4권, 도서출판 다나)과 1993년 '한국의 자연' 『지리산』(대원사), 1994년 대하르포 『지리산 1994』(국제신문출판국), 『지리산』(상.하권, 국제신문출판국), 1997년 방일영문화재단 연구저술지원의 『지리산 반세기』(도서출판 해성) 등의 인문지리 책과 1992년에 발간한 '최화수 山에세이집' 『나의 지리산 사랑과 고뇌』 등의 저서가 그렇다. 그 안에는 지리산 넓은 품에 기대어 살아온 민초들의 삶의 애환과, 잘 알려지지 않은 지리산의 명소들이 영상물처럼 잘 기록되어 있다. 그러다보니 당시 지리산을 좋아하는 이들에게는 교과서나 다름 아니었다. 그의 지리산 사랑은 현재진행형이다. 실핏줄처럼 얽힌 산맥의 역사는 물론이거니와 누군가 새로운 길을 만든다 해도 수없이 오르내리며 익힌 오랜 직관력만으로도 지리산은 그에게 어머니의 품처럼 낯익다. 지금까지 출판된 지리산 관련 글만 해도 200자 원고지 1만장이 넘는다고 하니 지리산을 대표하는 사람이라 해도 지나침이 없다.

"우리가 여기 있기 전 지리산은 거기 있었다.
그 뒤 우리가 그 산자락에 기대고부터 지리산은
늘 우리와 함께 있었다."

『지리산 365일』 1권 발문 중에서

그는 끼니를 챙기듯 매일 아침산을 찾는다. 산은 그의 신앙이고 무엇과도 비유할 수 없는 힐링의 공간이다. 인터넷이 일반화되기 전이었던 90년대 중반, 인터넷 사이트에서 『최화수의 아침산』, 『지리산 산책』, 『지리산 통신』, 『지리산 일기』 등은 꽤나 유명세를 탔다. 『최화수의 아침산』은 Daum에서 베스트칼럼으로 선정되어 명예의 전당에 올랐으며, 100회 연재 후 그 이야기를 끝냈다. 또 하나 그에게서 빼놓을 수 없는 것이 있다. 1985년부터 1992년까지 펴낸 산악회지 형식의 〈우리들의 산〉 발행이다.

"매호 100쪽 안팎, 4,000여 부를 통권 82호까지 펴내 비매품으로 보급했어요. 발행인 겸 편집인을 도 맡았던 나는 이 책자 제작에 참으로 엄청난 열정과 시간을 쏟아 부었죠. 〈우리들의 산〉을 펴내기 전인 82년부터는 'PEN산악회'를 창립시켜 〈산에 산에〉라는 이름의 회지 4권을 펴내기도 했어요."

언론인 겸 소설가인 그의 저서는 20여 권에 이른다. 부산대학교 재학 중일 때 '부대문학상' 소설 당선을 계기로 1968년 전작장편소설 『오후가 길어지는 계절』을 펴냈다. 대학 4학년 때, 한 일간지의 신춘문예공모에 소설 '최종선'에 올랐던 것을 마지막으로 그의 소설쓰기는 오랫동안 중단되었다. 〈국제신문〉 일선 기사와 논설위원(실장, 고문)

을 지내며 신문과 잡지의 기사쓰기에 바빴던 탓이다. 그가 논픽션과 소설을 다시 쓰게 된 것은 1980년 언론통폐합 이후다. 〈국제신문〉에서 〈부산일보〉로 옮긴 후, 1982년 월간 『新東亞』 논픽션 공모전 당선에 이어 논픽션집 『양산박』(도서출판 지평)을 펴냈다. 소설 쓰기는 당시 붐을 이뤘던 무크지 운동에 참여, 1983년 무크지 『地平』 창간호, 1984년 『展望』 창간호, 『토박이』 창간호 등에 작품을 발표하면서 다시 시작됐다. 그의 첫 소설집 『아버지의 목소리』는 무크지 활동의 소산물이다. 그로 인해 부산소설가협회와 부산문인협회 회원이 되었다.

"나는 무엇보다 소설을 쓰고 싶었어요. 하지만 신문사에 일하며 대학의 시간강사와 초빙교수로 출강을 했고 강의 준비에 시간을 할애해야 했었죠. 후배기자와 지인 몇이 "이제부터 잡문은 그만 쓰고 소설을 쓰라"고 말했을 때 참 많이 슬펐어요. 픽션(소설)만 값지고 논픽션과 르포르타주, 칼럼 등이 하찮은 글로 비하되는 것은 옳지 않은 일이죠. 그 신념에는 지금까지도 변화가 없어요."

그의 글밭은 참으로 다양하다. 인간탐구『해강 김성곤』과『최화수의 문화기행』, 인문지리지『한국의 재발견』에 부산, 경남, 지리산, 낙동강 관련 대목도 집필했다. 지리산 책들에 이어 산중미인『설악산』과 부산의 진산『금정산의 재발견』(이상 국제신문 출판국), 2002년에는 삼성언론재단 연구저술지원의『금정산의 생존전략』등 산과 관련한 인문지리 서적들을 연이어 출간했다. 이 밖에도 칼럼집과 르포르타주 가이드북 등도 있다.

그의 역마살이 끝나는 것일까. 작년(2013년)에『7080 畵帖』을 출간하며 소설 쓰는 재미에 빠졌다.『7080 畵帖』은 소시민의 일그러진 초상, 그 페이소스(pathos)를 희화

적으로 그려본 작품들로서 오래 전에 썼던 작품을 대폭 고쳐 쓴 것도 있고 새로 쓴 작품도 있다. 70, 80년대 30대 전후의 정열과 사랑, 낭만으로 점철됐던 시절의 이야기를 정리해 엮으며 7080 이전의 아주 오랜 역사 속의 삽화를 앞으로도 이어나갈 생각이라고 말한다.

"나는 이제부터 소설을 쓸 것입니다. 오랫동안 방황하다 고향집으로 돌아온 늙은이처럼 늦었지만 신바람 나게 즐거운 마음으로 소설을 쓸 생각이에요. 소설 쓰는 재미를 이제라도 깨우쳤으니 나에게 이보다 더 큰 축복이 없겠지요.."

늘 소설을 쓰고 싶었지만 소설 쓰기에 게을렀다는 언론인 겸 소설가 최화수 선생님.

뱀사골 계곡의 물소리와 와운마을 천년송의 솔바람처럼, 선사들의 오도송과 무당의 기도소리까지 오롯이 품는 지리산을 배경으로 한 멋진 대하소설 한 편 기대한다면 너무 부담을 드리는 것일까. "날마다 아침산에, 그리고 소설!"을 주문하고 싶다. 〈2014년 사하문학 14호〉

시조시인 강신구

해거름을 물들이는 하모니카 선율

가을은 늘 친구처럼 익숙하다. 맑고 결이 고와 정감이 넘친다. 마지막이 더 빛나는 단풍과 익을수록 고개 숙이는 황금들녘의 겸허는 잠시나마 나를 돌아볼 수 있는 시간을 선물한다.

누구에게나 그 사람만이 간직한 고유한 이미지가 있다. 강신구 시조시인은, 기교적인 꾸밈보다 소박하고 담담하며 자연을 쏙 빼 닮은 겸손과 평화가 손수건처럼 낯익다.

사하문인협회 6대 회장을 역임하고, 평생을 교육계에 봄담아 오다 교장으로 정년퇴임을 한 강신구 고문님을 만나러 명지동 오션시티로 차를 몰았다. 만나기로 약속했던 시끌벅적한 유명 커피숍을 나와 '행복마을 먹거리타운'에 위치한 소담한 장소에서 '나는 아직 원로 자격이 없다'시며 다른 이를 추천하는 모습에 마음이 더욱 훈훈하다.

산비탈 겨울 땅에 저절로 기어 나와
으스스 언 얼굴로 부스스 눈을 뜨고
꽁꽁꽁 얼어붙은 볼 잠깐 볕에 녹아

하늘은 시려오고 바람은 차가운데
덮이는 산 그림자 또다시 얼어붙네
눈송이 꽃을 피우세 떨던 날을 그리며

– 시집 『울숙도 갈대』 중 「냉이의 꿈」 전문

시인은 자연과 인간을 사랑한다. 낙동강 모래톱에 채전을 가꾸고 단소 불기, 난초 기르기, 뿐만 아니라 난을 캐러 산 속을 헤맨 적도 많다. 순수한 양심과 순리와 도리와 예절로 자연을 아끼고 인생을 긍정적으로 바라보는 시인의 삶에서 속물근성을 벗어난 아름다운 심성을 만난다.

"당리동 산기슭에서 20년을 살았어요. 전망이 좋은 그곳에서 아내와 텃밭을 가꿀 때, 숲 속에서 나는 산새소리

와 고라니의 울음소리를 들으며 농사짓는 재미가 쏠쏠했었죠. 나이가 드니다리의 관절이 나빠지고 오르막 계단을 밟기가 힘들어지더군요. 그래서 올해 이곳 명지의 새 아파트로 이사를 했어요."

새로 이사한 아파트의 바닷가에는 보행로가 잘 조성되어 있고 돌아오는 길은 다른 분위기의 오솔길이 나 있어 걷는 행복이 더해진다. 해거름 녘, 해풍 안으며 벌레소리 낭창한 길을 산책하다가 정자에 앉아 부는 하모니카의 선율! 상상만으로도 서정적인 그 길엔 늘 아내가 동행한다.

만나면 함박꽃으로 까르르 웃어주던
잘할 때나 못할 때도 그저 우습기만 하던
화들짝 꽃처럼 어여쁜 그 처녀는 어디 갔나

부모님 보살피고 새끼들 키우느라
어느새 꽃 지듯이 저녁 해 걸리듯이
큰아이 뒷바라지에 조팝꽃이 되었네
늘그막에 색동옷 입고 춤추며 노래해도
뼈마디 시큰대고 속병도 불거지며
웃음엔 시들시들한 주름살이 흐른다

– 「아내의 미소」 전문

시인은 음이 아름다운 단소도 좋아하지만, 근래에 배운 하모니카의 단음 내기(싱글주법 = 하모니카를 한 번 불 때에 하나의 음만 소리 나게 하는 것)에 매료되어 하모니카를 늘 끼고 산단다. 대화만으로도 일상의 행복이 환하게 반사된다.

"퇴임한 교장들의 모임이 있어요. 한 주에 한 번씩 갖는

이 모임에서는 탁구, 당구, 등산 등을 하며 즐거움과 친목을 도모하지요. 주말엔 하모니카와 단소도 함께 불면서 말이죠."

그는 고등학교에서 34년 동안 학생들에게 국어를 가르쳤다. 재직 중인 1991년에 대학원을 다니며 부산시조문학회의 〈볍씨〉 동인으로 활동했고, 1997년 이태주(1/1) 선생님의 천료로 시조전문지 〈시조문학〉을 통해 등단했다. 양반의 고장 경북 봉화가 고향인 그는 고전문학을 전공하여 조선 중기 시가詩歌 연구로 박사학위를 받았다. 전공 학문으로 오랫동안 학생들을 가르쳤지만 정작 본인의 시조 한 편을 쓰는 일은 그리 쉬운 일이 아니더라고 말한다. 또한 등단지가 많아 문인들이 넘치는 현실이지만 아름다운 문학작품을 만나기가 정말 어렵다는 안타까운 속내도 털어 놓는다. 하지만 사하문인협회에 대한 격려와 칭찬은 가을들판처럼 넉넉하다.

"사하문협을 부러워하는 사람들이 많더군요. 첫해에 10여 명의 회원으로 출발해 지금은 회원수도 90여 명으로 늘었고, 무엇보다 가족처럼 서로 위하며 단합된 모습이 참 보기가 좋아요. 특히 8대 장광자 회장과 집행부의 원로를 존중하는 마음과 회원들을 챙기는 자세가 사하문협 회원의 자부심을 높이는데 좋은 영향을 미쳤다고 봐요."

더불어 올해 사하구청으로부터 받은 많은 지원금도 집행부의 공으로 돌린다.(작년 420만원,올해 총지원금 1,360만원) 필자가 쓰면 공치사가 될 이야기를 어떻게 쓰냐는 멋쩍은 대답에, 다른 건 몰라도 '8대 집행부 정말 수고 많았으며 대단한 일을 해냈다'는 말만큼은 빼서는 안 된다고 강조한다.(이 글을 쓰며, 무한 감사하고 또한 부끄럽다)

강신구 시조시인의 찬찬한 살핌과 담담한 관조는 해거름에 울려 퍼지는 하모니카 선율을 쏙 빼닮았다.

〈2013년 사하문학 13호〉

시조시인 박달수

걸림 없는 구름으로

경주 무장산을 오르던 날, 오랜만에 가을 단비가 내리고 있었다. 〈원로대담〉에 모시겠다는 인사에 '할 말 없다'며 손사래부터 치시는 금당琴堂 박달수 시조시인. 그를 만나기 위해 딴에는 꾀를 내어 문인산우회의 산행에 동참한 것이다. 길 없는 길 위에도 새로운 길을 탄생시키는 문단의 거목이신 시인의 뒤를 붙좇으며, 얕은 머릿속에 저장한 메모들을 모자란 글로 풀어낸다는 것이 한편으론 부끄럽기도 하다.

그에게선 늘 합천사람 냄새가 난다. 1936년 합천군 가야면 해인사 아랫마을에서 태어나, 경남대학교 국어국문학과를 졸업, 중고등학교 교사를 거쳐 부산여자상업고등학교 교장으로 정년퇴임을 했다. 시조문학지로 등단한 그의 글마다에는 합천의 수려한 풍광과 불교적 자기성찰 너머로 고찰 해인사의 쇠북소리가 들려온다. 또한 어머니에 대한 그리움이 향토의 정서와 함께 곳곳에서 살아나고 있다. 〈어머니〉 연시조 14수와 어머니를 소재로 한 시조가 20수가 넘으니 모성에 대한 지극한 마음은 독자들에게도 잘 전달된다.

한 자리 뿌리 내려/ 가지 많은 나무 되어//
이울 줄 모르는 바람/ 막아 서서 찢긴 아픔//
땀방울/ 단비로 내려/ 꽃떨기로 크옵니다.//
살 에워 키워 주신/ 가없이 크신 희생//
응달에 아린 자국/ 기념비로 뜨거워라.//
넘치는/ 모성의 샘에/ 무지개가 빛납니다.

– 시집 『물레』 중 「어머니 내 어머니 1」 전문

가을이 감동적인 것은 울긋불긋한 아름다움으로 마지막을 승화시키기 때문이다. 사람도 마찬가지다. 청춘의 봄과 열정의 여름, 중년의 가을과 마무리를 준비하는 노년의 겨울. 박달수 시조시인의 여름이야기 속으로 들어가 보자. 2000년 〈황강문학〉, 2001년 〈사하문학〉, 2009년 〈부산문인산우회〉 창간호 발행과, 2008년 「가산초등학교 80년사」, 2011년 「해인중학교 60년사」, 2011년 「수려한 합천」, 2012년 「합천의 숨결, 해인사의 향기」를 편찬 발행했다. 이만하면 창간호와 편찬 발행의 달인이라고 해도 괜찮지 않을까. 한국불교문인협회 본상, 부산문인협회 본상, 실상문학상 본상, 설송문학상 본상, 성파문학상 본상 수상 등은 한여름 땀방울로 영글어진 고귀한 결실인 것이다. 하지만 정작 그의 시집은 그리 많지 않다. 『수레』, 『바람에 화두를 놓고』, 『물레』세 권('물레'는 영어, 일어 번역 시집)이 전부이니 오랜 시력詩歷에 비해 참 소박하다는 생각이 든다. 하지만 시조에 대한 한결같은 자부심과 현대시조의 발전을 위해 동분서주 하는 금당 박달수 시인은 여러 간행물들을 통해 왕성한 작품 활동을 꾸준히 하고 있다.

동아대학교 교수를 역임한 차한수 시인은 그의 시를

다음과 같이 평가했다.(사하문학 제6호)

첫째, 〈가면벗기〉와 〈드러내기〉

- 불교적 상상력과 자아성찰

둘째, 〈솔바람〉과 〈물소리〉의 맥박

- 식물에 대한 상상력과 삶의 의미

셋째, 〈쇠북〉과 〈석등〉 그리고 〈어머니〉

- 고향의식과 회귀성 등 세가지 측면에서 분류한 것이다.

구름 흘러 한가閑입고 고읍 벽 허물어/ 暇도 즐겨//
나에 갇힌 나를 지우니/ 번뇌는 다 꽃이 되네.//
말 끊고/ 고요의 바다에서/ 억 년 꿈을 옹근다.

- 시집 『물레』 중 「적멸에 든 바위」 전문

가쁜 호흡으로 뒤를 따르며 시인의 소리를 가슴으로 보듬는다. 삶에 대한 지혜와 연륜이 자연에 순응하는 가을단풍처럼 겸허하다. 욕심 부리기보다는 비움으로 세상을 관조하는 낮은 목소리. 이럴땐 묻기보다는 듣는 것이 후배로서의 예의이다. "도덕적이지 않은 사람은 글을 쓸 수 없다"는 윌리암 포크니의 말을 인용하며 샀댄 것에 대한 경계와, 3장6구 정형시인 우리 시조의 우월성에 관하여, 작가로서 지켜야할 선비정신도 들려준다. 신라의 향가에서 발원하여, 구한말 「血竹歌」(1906)를 시작으로 '노래하는 시조'에서 '읽는 시조'로 전환 된 것이 현대시조의 효시라고. 시인의 말 속에서 무엇보다 나를 감동시킨 것은 빙산의 비유였다. 떠 있는 10%를 위해 잠겨 있는 90%의 보이지 않는 노력이 더욱 중요하다는 말씀은 글쟁이로서 함량미달인 나를 돌아보게 하는 좋은 교훈이 되었다. 문학을 하는 사람이라면 누구나 새겨들어야 될 말이 아닐까.

가을비가 내리고 있는 산길을 성큼성큼 앞서 걷는 모습이 젊은이 못지않다. 칠십 후반이라는 나이가 느껴지지 않는다. 오히려 숫자적으로 젊다는 사람들의 숨소리가 더 가쁘다. 금당琴堂 박달수 시조시인은 문단의 원로로서, 아름드리 금강송처럼 우직하고 든든하게 후배들의 좋은 표양이 되어 주신다. 그에게서는 언제나 사람냄새가 난다. 살아온 연륜을 자랑삼기보다는 기분 좋게 술 한 잔을 부딪칠 수 있는 편안함이 사람을 매료시킨다. 우중산행 후에 벌컥벌컥 마셔대던 막걸리 생각이 난다. 잔이 빌세라 탁자를 돌며 회원들의 빈 잔을 챙기시던 살가운 모습과 함께. 〈2012 사하문학 12호〉

동화작가 김상곤

바다를 닮은 순수

어디에나 가을이 웃고 있다. 오감을 자극하는 알싸한 공기와 재래시장 리어카에 가득 실린 홍옥의 붉은빛이 사람들의 눈꼬리를 쓸어내리는 기분 좋은 계절이다. 하늘을 올려다본다. 파아란 도화지 위로 새털구름 하나가 긴 꼬리를 흔들며 지나간다.

김상곤 선생님과 만나기로 한 날, 약속시간보다 20여 분 먼저 괴정초등학교 옆 '00바케트'에 도착했다. 갓 구워 내는 빵 냄새가 가게 안에 가득하다. 여느 때 같으면 아침

을 챙기지 못한 위장이 난동을 부릴 만도 하겠지만 그날은 새색시처럼 얌전하기만 하다. 긴장이 되나보다.

아침 10시, 선생님께서 그곳으로 오셨다. 넥타이를 매지 않은 하얀색 와이셔츠와 짙은 감색 양복이 고상한 10월의 빛깔과 너무나 잘 어울린다.

기다리는 동안, 지나온 삶의 흔적들을 몇 줄의 프로필로 반추해 보았다. 경남 남해 출생. 부산시 수협 전무역임. 공동어시장 감사역임. 한국 수산경영연구원 상임이

사. 남해선박 운영. 바다를 빼고는 결코 이야기 될 수 없는 삶이다. 1993년 〈한국수필〉 신인상. 1999년 〈부산일보〉 신춘문예 동화 당선. 동화작가와 수필가로서의 새로운 세계가 시작되었고, 부산 아동문학상, 한국 농촌문학상, 2010년에는 한국해양문학상을 수상하는 등 수상경력 또한 빛난다. 저서로는 수필과 콩트집 『가을의 창가에서』, 칼럼집 『자갈치』, 어촌전설집 『산호해녀』, 동화집 『웅어의 전설』 등 다양한 장르를 넘나든 창작활동이 이채롭다.

"청년시절 방황기에는 문학과 함께"였다가, 취업(29세)과 더불어 문학의 열정은 긴 휴면기를 갖는다. 30여 년 직장생활 또한 바다와 관련된 업무였다. 바다는 작가의 고향이자 유년의 무대이기도 하다. 작가에게 "바다란 무엇인지?"라는 우문愚問을 던졌다. "바다는 아버지이고 고향이다. 아버지께서는 바다에서 일하셨고, 삶터였던 바다에서 돌아가셨기 때문이다."

작가는 아버지에 대한 그리움을 동화를 통해 들려준다. 배가 난파를 당한 후, 배 타는 일을 그만 두고도 늘 바다를 그리워하는 아버지가 소년 민종에게 들려주는 이야기를 들어본다.

배가 난파를 당한 건 욕심이었지. 기상이 나쁜데 무리한 항해를 했기 때문이다. 바다는 너무 넓고 때론 거칠어 겁이 난다. 그러나 바다에 나가면 가슴이 시원해 진다. 그래서 바다는 늘 나를 유혹한다. 뱃사람들은 육지에 있으면 더 갑갑하단다.

— 동화 『바다를 낚는 낚시꾼』 중에서

어렵게만 생각했던 대화가 금세 편안하고 즐거워졌다. 투박하지 않은 맑은 목소리와 정감 있는 눈빛이 나의 긴장을 해제시켰기 때문이다. 선생님과 고향이 같다는 것과, 나의 유년 또한 바다가 놀이터였음이 정서적 공감을 불러일으킨 탓이기도 하리라.

우리가 앉은 창밖으로는 화려한 등산복 차림의 사람들이 삼삼오오 승학산을 향하고 있다. 억새의 유혹이 시작된 것이다. 아메리카노 커피향이 온 몸을 점령할 즈음, 등단 이전부터 부산일보에 수상칼럼을 쓰고, 1990년에는 근로자문화예술제의 일원으로 노동부의 작품공모에서 수상을 하기도 한 문학으로의 입문과정이 궁금해진다.

"처음 글을 쓰기 시작할 때는 사보의 발전과 직원들에 대한 격려의 차원에서였다. 몇 편의 글이 활자화 되어 나

오는 것을 보고 내 글의 수준이 어느 정도인가를 가늠해 보고 싶은 욕심이 생겼고, 그 결과 우연찮게 인정을 받게 되어 글 쓰는 사람들의 부류에 속하게 되었다."

선생님의 말씀은 그렇듯 겸손하시다. 취미(골프, 낚시, 바둑…)가 많아서 문학 활동에 열정을 다하지 못해서 늘 미안하단다. 같은 길을 걷고 있는 사람들에게 한 말씀만 해 달라고 했더니 "나처럼 잡식雜食성이 되지 말고 문학이라는 한 우물만 파라"고 당부하신다. 바다와 자연을 이야기하는 동화작가의 순수함이 남해바다의 물빛처럼 투명하고 신선하다.

> 초등학교 시절이었다. 선생님께서 앞으로 나와 이야기를 하나씩 하라고 말씀하셨다. 아마도 그때 할머니로부터 들었던 '옛날 옛날에 호랑이가 담배 피우던 시절'에 하던 이야기를 나름대로 살을 붙여서 했던 기억이 난다. 이야기가 끝나자 선생님의 칭찬이 대단하셨다. 어릴 때의 기억이 왜 근래에야 되살아났을까! 이제라도 나의 이야기들을 어린이들에게 들려줄 수 있게 된 것은 다행이라 생각한다.
>
> - 동화집 『웅어의 전설』 서문 중에서

글은, 작가의 삶이며 언어이며 앎의 깊이이다. 바다가 있는 곳에서 태어나고, 바다와 관련된 직장에서 정년퇴직을 하고, 바다를 누구보다 사랑하는 김상곤 동화작가는 바다를 말하지 않고는 글을 쓸 수가 없다. 동화책 『웅어의 전설』은 마치 아이들을 위한 학습도감과도 같다. 물고기의 이름과 특성, 새와 식물과 생태계의 중요성을 아이들의 눈으로 바라보고 아이들의 음성으로 들려준다.

공직생활의 권위나 희끗한 머리카락의 연륜 따윈 작가의 동심을 결코 방해하지 못한다. 전국 어촌의 전설들과

풍습을 기록하기 위하여 발품을 팔다가, 한갓진 어느 포구에서 늙은 어부와 소주잔을 기울이는 작가의 모습이 선연하다. 어촌설화의 산책 『산호해녀』가 그 결과물인 것이다.

선생님과 마주한 내내 하늘은 바다와의 경계를 허문다. 어디가 하늘이고 바다인지. 공간을 가득 메운 팝페라 가수의 '10월의 어느 멋진 날에'가 유난히 가슴에 안기는 날이다. 〈2011년 사하문학 11호〉

시인 박송죽

그대 영혼에 꽃불을 지피며

내 시의 태반은 우주의 무게를 지닌 어머님의 사랑으로 출발하는 모성적인 뿌리이고 싶다. 절망과 좌절과 시련과 고통 속에서도 강한 인내로 보듬어 껴안고 한 생애를 꽃불처럼 지피는 모성적 사랑으로 독자와 교감할 수 있는 서로의 뜨거운 가슴과 가슴으로 심장의 박동소리로 귀착되어 합일점에 도달하는 눈뜨는 세상 아름다움이고 싶다. 비록 생의 아린 반추와도 같은 눈물의 꽃과 같은 내 시일지라도 창조적인 상상력으로 빛을 발하는 모든 예술의 원초적인 본질로 접목되는 심령의 깊은 샘에서 퍼 올린 순수하고 가장 맑고 정직한 영혼의 노래가 되고 싶다. 그러나 흰 머리 휘날리며 무거운 나이를 이고 추위 타는 이 자리에서 다시 세상에 태어날 수만 있다면 참 자유로운 정직하고 순수한 나 자신으로서 삶의 오선지에 입춘 뜨락에 새움 트는 푸르름이고 싶다.

운애雲涯 박송죽 선생님의 열다섯 번째 시집 『그대 영

혼에 꽃불을 지피며』의 서문이다. 1958년 첫 시집 『보랏빛 의상』을 상재한 후, 故 김춘수 시인의 추천으로 〈현대시학〉의 천료를 통하여 등단했으니 올해로 시력詩歷도 52년째가 된다. 15권의 시집과 2권의 수필집. 강산이 다섯 번이나 변하는 동안 쉼 없는 열정으로 시의 꽃불을 지필 수 있는 힘은 어디에서 나온 것일까. 글은 그 사람의 목소리이고 영혼이다. 시인은 시를 통하여 이렇게 말하고 있다.

> 사랑은 선율 고운 생명의 뜨거움이다/ 목숨 심지에 불을 댕겨/ 스스로 타 들어가/ 연소되고 산화되어/ 봄빛으로 싹눈 틔우는/ 사랑은/ 사랑하는 사람에게 가/ 모듬드리 다 내어주고도/ 후회 없는 / 아름다운 삶의 협주곡이다
>
> – 시집 『그대 영혼에 꽃불을 지피며』 중에서

선생님께서는 글쟁이라는 과분한 이름으로 글섶을 기웃거리는 나를 어디서나 잘 챙겨주신다. 큰언니처럼 때론 친정어머니의 따뜻한 망토 아래처럼 평화로운 언덕이 되어 주기도 하면서….

문인산우회의 승학산 등반이 있넌 10월의 어느 날, 소

녀처럼 고운 자태로 등반에 동참하신 선생님과 많은 이야기를 나눌 수 있었다.

"문학의 본질이란, 인간 내면의 깊은 자아와 관련되지요. 그러므로 한 편의 서정시는 진리의 전달이라기보다는 삶의 진실, 다시 말하면 일치와 일관성을 독자에게 옮겨주는 미적 진정성을 갖는다고 생각해요. 『25시』의 작가 게오르규는, '시인은 그 시대를 위하여 예언자적인 입장에 서야하고 또한 그 시대의 산소량을 측정하는 측정기 역할까지도 담당해야 한다'고 했거든요."

선생님께서는 신실한 가톨릭 신자이시다. 미사 때면 신 앞에 겸허히 몸을 낮춘 모습을 종종 뵐 때가 있다. 시인에게 신앙은 어떤 의미일까. "신앙은 곧 나를 나답게 하는 것이에요. 신앙을 통하여 자기 자신을 뒤돌아보고 가꾸어 갈 수 있기에 신앙은 마음의 거울이자 자기성찰이라고 말할 수가 있어요. 어떤 형식이나 구애를 받지 않고 순수 그대로 영혼의 선결작업을 할 수 있는 종교시는, 마치 고백소에서 고해를 하는 것처럼 나를 비울 수 있는 숭고한 과정이지요. 시는 인간의 영혼 속에서 타는 불길이어야 합니다. 그래서 상처받고 슬픈 독자들에게 위안이 되는 맑은 영혼의 노래가 되어야 해요."

시인의 말에는 기교나 가식이 없다. 연륜을 자랑삼지 않으니 세대차이가 느껴지지도 않는다.

사뿐사뿐 내딛는 발걸음이 누구보다 가볍다. 부러움이다. 훗날 나도 딱 저랬으면 좋겠다.

선생님께서는 천생 예인이시다. 시는 말할 것도 없거니와 화선지의 여백에 그려내는 그림솜씨 또한 예사롭지 않다. 도자기에 새긴 멋진 글씨며, 조각도로 일군 바가지 공예 또한 어디에 내놓아도 손색이 없을 만큼 수준급이다.

"나는 때때로 꿈을 꾸듯이 응답 없는 환상과 공상에 젖어, 미숙한 형체와 색채로 서투나마 그림 그리기를 좋아

해요. 그러면서 산다는 것은 추상적인 관념이 아니라 생생한 역사의 현장과도 같이 숨 쉬며 살아가는 실존의 진솔한 삶의 모습으로 저마다에게 주어진 시간의 실타래를 풀어가며 모두가 일생이라는 화폭에 수채화와도 같은 그림 한 장 남기고 이 지상을 떠나는 거라고…" 일생을 수채화와도 같다고 말씀하신 선생님께서는 "지상을 떠날 때를 위하여 버릴 것은 버려야겠다고 정리하다 먼지 속에 버려진 습작하던 오래된 그림 뭉치를 발견하여" 2008년에는 시와 그림, 그리고 가족사진과 더불어 글밭 50년의 활동들을 『수채화 속에 그림 한 폭』이라는 이름으로 시화집을 발간하기도 했다.

"문학의 장인정신으로 앞으로의 여생은 풀꽃처럼 소박하게 살다가 가고 싶다"는 선생님께서는, 50대에 겪었던 지독한 교통사고의 상처와 오랜 기간 남편 간병의 고통 속에서도 한순간도 글을 손에서 놓지 않았다. 눈동자처럼 자신을 지켜주신 절대자이신 하느님께 대한 믿음과 감사의 마음으로 『눈 뜨는 영혼의 새벽』, 『생의 한가운데로 스치는 불의 바람이 되어』, 『내 삶의 예정표는 당신만이 아시나니』, 『참으로 소중한 당신이 계시기에』 등의 신앙시집을 탄생시켰다. 하버드대에서 수학한 큰아들은 세계

속에 한국을 빛낸 훌륭한 학자가 되었고, 둘째아들은 사랑과 희생으로 구도자의 길을 걷는 사제가 되었으니 지극한 모성이 맺은 결실이 아닐 수 없다.

은빛 출렁이는 억새밭 길을 나란히 걸으며 "고통은 나를 성장시키기 위한 자양분이며, 영혼을 정화시키는데 꼭 필요한 과정이다. 그러기에 피하지 말고 지혜롭게 극복

해야한다"고 이른다. 포용력과 긍정적인 사고가 칠순을 넘겨도 소녀처럼 곱고 맑은 영혼을 간직하는 비결이 아닌가 싶다.

"나는 문단에 있는 모든 사람을 진실한 마음으로 사랑하고자 노력하고 있어요. 선배는 선배대로 좋은 삶의 표양을 보여주고, 후배들은 장인 정신으로 필력을 키워 격조 있고 성실한 시 창작을 해주기를 당부하고 싶어요. 아직 젊어서인지는 몰라도 어떤 후배들은 성급하게 시작詩作을 끝내려고 하지요. 시인이라는 호칭이 자기 신분을 격상시키고 폼을 내주는 그런 겉치레가 되어서는 안돼요. 시인이라고 해서 누구나 좋은 시를 쓸 수 있는 것은 아니므로 죽는 날까지 산고의 고통으로 정진해 주기를 바래요."

선생님께서는 부산여류문인협회와 부산여성문학인회 회장을 역임했고, 부산문학상을 비롯하여 많은 수상경력을 자랑하는 한국문단의 거목이시다. 그 중에서도 "1991년도에 수상한 세계시인상은 세계 시인협회에서 수여하는 상으로 나에게는 가장 영광스러운 상이에요. 세계 시인협회는 미국에 본부를 두고 있으며, 그 해에 가장 우수한 시인을 뽑아 세계시인상을 수여하게 하지요. 시집『열

쇠를 찾습니다』에 수록된 메메리 북 '추억수첩'이 수상작으로 뽑혔고 나에게는 과분한 상이라고 생각해요."

박송죽 시인에게는 난초의 청초함이 있다. 여린 듯 약해 보이지만 바람에도 꺾이지 않을 고고한 기품이 서려 있다. "삶 자체가 문학"이라고 말하고, "내 삶이 기도가 되고 시가 되고 문학이 되어 이 지상을 떠나는 뒷모습은 참으로 아름다운 노을의 모습"이고 싶다고 말한다.

시인의 말에선 시의 향내가 묻어난다. 깊은 듯 맑은 눈매엔 문학을 향한 열정이 옹골지다. 50여 년 혼불로 일궈낸 시인의 글밭에는 알록달록 다양한 열매들이 참 곱게도 영글었다. 〈2010년 사하문학 10호〉

노옥분의 감성데이트

깊은나무 푸른이끼

2014년 11월 20일 초판1쇄 인쇄
2014년 11월 25일 초판1쇄 발행

지은이 노 옥 분
펴낸이 이 길 안

펴낸곳 세종출판사
부산광역시 중구 흑교로71번길 12 (보수동2가)
Tel.(051)463-5898 Fax.(051)248-4880
E-mail. sjpl@chol.com

출판등록 제02-01-96

ISBN 978-89-6125-838-8 03810

값 10,000원

이 책은 (사)봉생문화재단의 문화예술인지원사업의
일부 지원으로 발행합니다.